De kracht van rust

Mirjam van der Vegt

De kracht van rust

8 TEGENDRAADSE LESSEN OVER WERK EN HET GOEDE LEVEN

ten have

Postbus 13288
3507 LG Utrecht
www.uitgeverijtenhave.nl
Omslag Bij Barbara
Vormgeving binnenwerk Studio Ilse
ISBN 978 90 259 0902 4
ISBN e-book 978 90 259 0903 1
NUR 728

Eerste druk oktober 2020
Tweede druk november 2020
Derde druk december 2020
Vierde druk februari 2021
Vijfde druk 2021

Uitgeverij Ten Have vindt het belangrijk om op milieuvriendelijke en verantwoorde wijze met natuurlijke bronnen om te gaan. Bij de productie van het papieren boek van deze titel is daarom gebruikgemaakt van papier waarvan het zeker is dat de productie niet tot bosvernietiging heeft geleid.

Zij lazen *De kracht van rust*

Deze inspirerende persoonlijke tekst is rijk, bemoedigend en uitnodigend. Aandachtig te lezen, traag en rustig zoals een monnik door de kloostergangen schrijdt. Het boek nodigt je uit naar de innerlijke werkplaats te komen, daar waar je je soms alleen waant maar niet bent. Een prachtboek op hartsniveau!
Prof. dr. Gabriël G. Anthonio

Dit inspirerende boek is een echte uitdaging voor vele professionals. Nuchter en tegelijkertijd een aanmoediging tot vertrouwen op meer dan alleen de ratio.
Bart van der Vegte, adviseur publieke sector

De kracht van rust brengt mij naar de trage vragen van mijn leven en ons bestaan. Niet alleen wijst het boek naar je oneindige binnenwereld, maar richt een mooie blik naar buiten om van anderen te leren. Zo is rust geen kunst, maar een levenswijsheid!
Minella van Bergeijk, Directeur Tear Nederland

Dit boek is een ode aan rust en ontspanning. Zo nodig in de huidige digitale tijd met constante veranderingen.
Katja Staartjes, atlete, bergbeklimmer en trainer

Een prachtige bloemlezing aan inspiratie om jouw persoonlijke rustmomenten vorm te geven in deze hectische tijd!
Arthur Reuvers, directeur Stoutgroep

Je kunt dit boek in praktijk brengen met een 8-weekse leesbeleving. Bij voorkeur lees en beleef je het boek tegelijkertijd. Je ontvangt video's en dagelijkse trainingsvragen om je dit boek eigen te maken.

www.dekrachtvanrust.nl

INHOUD

INLEIDING

WAT IS WERK, WAT IS RUST?

Rust en werk spelen graag samen. Ontdek dat ze 'geliefden' in plaats van vijanden zijn. Wie met vreugde wil werken, mag goed leren rusten.

ALS JE **WERKT**

WERK DAN

ALS JE RUST

rust dan

Nachtwake – 04.10 uur – nachtdienst in het klooster

Ik kijk om me heen. Er is niemand in de donkere hoog gewelfde kloostergangen. Als ik waardig en bescheiden wil blijven lopen – zoals Benedictus voorschrijft – zal ik te laat komen voor de nachtwake. Zal ik gaan rennen? Ik twijfel, want ik zou toch beter moeten weten. Ik ben hier voor mijn rust en kloostergangen zijn waardige plekken. Toch is Benedictus van Nursia uit de zesde eeuw niet tegen spoed. Hij maant de kloosterbewoners om gereed te staan als de kloosterbel voor de diensten klinkt en zich zonder te weifelen naar de vieringen te haasten, maar wel met inachtneming van waardigheid en bescheidenheid.[1]

Haast mag best … en daar ren ik al. Het voelt absoluut niet waardig en al helemaal niet bescheiden. Want ik weet precies waarom ik nu door de kloostergangen ren.

Ik wil op tijd komen, want ze zullen opmerken dat ik te laat ben. Al die monniken in zwarte gewaden letten op mij. Ik ben hun enige gast dit weekend en ze houden me in de smiezen. Zo hadden ze gisteren precies door dat ik een uur te laat was. Dat dit door een gemiste bus kwam en ik dat hele uur in de regen had gestaan, vertelde ik ze niet want in dit stilteklooster zwijgen we zo veel mogelijk. Na het welkom zei de gastenpater me dat het toch onmogelijk was om in drie dagen tot rust te komen. Hij schudde daarbij zijn hoofd. Dát was het moment waarop ik mijn best begon te doen.

> *Het verlangen om erbij te horen en de aanname dat dit alleen kan als je je best doet – herken je dat?*

Ik ren nog steeds door de kloostergang – terwijl alles in mij roept dat ik hiermee moet ophouden. ‘Moet je jezelf nou zien, je neemt jezelf toch niet serieus zo.’ Ik weet wat ik nu zou mogen doen. Vertragen. Te laat komen. Het nemen zoals het is.

Nog een paar meter.

Ik pak de klink beet en tuimel de kapel binnen waar ze zitten met gebogen hoofden. Waardig. Bescheiden. Loepzuiver klinken stemmen door de lucht. In de verte brandt de nachtkaars die nooit uitgegaan is. Het is een klein olielampje dat in de diepe stilte van de nacht teer schijnt – nog voor het daglicht doorbreekt. Het idee van deze nachtwake is dat je nog ontvankelijk bent. De eerste zin van het nachtoffice is een vraag aan de Eeuwige: *Open mijn lippen.* Jouw allereerste woorden zijn bestemd om te antwoorden op liefde.
Maar helaas ben ik te laat.

> *Heb je vaak het gevoel dat je te laat bent? Dat je een tandje moet bijzetten om niets te missen?*

Misschien herken je dat opgejaagde gevoel wel. Het gevoel van iets gemist te hebben of nog iets heel belangrijks te moeten beginnen voordat je niet meer kunt. Ik hoor dat gevoel in mijn trainingspraktijk dagelijks langskomen. De miljonair die een enorme onrust ervaart terwijl hij vijf succesvolle bedrijven runt. De vrouw die drie kinderen ter wereld heeft gebracht, de manager die net opslag heeft gekregen, de tiener die net uit de kast is gekomen, de vrouw die borstkanker heeft overwonnen en weer wil meedoen of de man die nog midden in het proces van zijn ontslag zit. De vrouw die thuisblijfmoeder is gebleven, de man wiens dromen niet uitgekomen zijn. Het gevoel wat te missen nestelt zich tussen hoogte- en dieptepunten en blijkt een woekeraar. Het maakt ook niet uit of je een drukke baan hebt of je juist verveelt, je je leven op orde hebt of juist niet. Aan het eind van dit hoofdstuk ontdek je dat burn-out zelfs

Je kunt goed rusten of de rust opzoeken – en toch de innerlijke rust missen. Daarom gaat rust verder dan de afwezigheid van werk of geluid.

voorkomt in een klooster. Ook ken ik een herder die burn-out raakte op de hei tussen zijn schapen vanwege de vraag of hij er wel toe deed. Je kunt goed rusten of de rust opzoeken – en toch de innerlijke rust missen. Daarom gaat rust verder dan de afwezigheid van werk of geluid, maar daarover later meer.

Het verlangen ertoe te doen denken we in deze tijd steeds meer te kunnen vervullen met werken. Wanneer het werk wegvalt, zoals tijdens de coronacrisis, is dit meer dan het wegvallen van financiële zekerheid: het doet ook iets met onze identiteit. Het onafhankelijke onderzoeksbureau Pew Research Center in Amerika ontdekte dat een mooie baan of werk belangrijker is geworden voor de vervulling van je leven dan een partner vinden.[2]
Onderzoek uit 2018 wijst uit dat 95 procent van de tieners in de Verenigde Staten zegt dat een loopbaan hebben waarvan ze genieten 'extreem of zeer belangrijk' voor hen zal zijn als volwassene. Mooi werk vinden scoort hoger dan alle andere levensdoelen, zoals het helpen van mensen in nood (81 procent) en trouwen (47 procent). De Amerikaanse journalist Derek Thompson noemt het een nieuwe religie, genaamd *workism*. Iedereen aanbidt iets en tegenwoordig zijn onze bureaus onze altaren geworden. Dit 'werkisme' is een van de krachtigste nieuwe religies, vooral onder hoogopgeleide millennials.[3]
Werkzucht is niet zo verwonderlijk, betoogt Thompson, want overal klinkt de boodschap: stop nooit met haasten, want je droombaan ligt om de hoek. Die droombaan is het middelpunt van iemands identiteit en levensdoel geworden. Liever spreken we niet van een baan, maar van een roeping met status en betekenis. Werk als middel voor materiële productie is verschoven naar een middel voor identiteitsproductie – jong en oud heeft daarmee te maken. Wanneer je wat ouder bent, zul je ook bij moeten blijven, wil je blijvend van betekenis kunnen zijn binnen je bedrijf. Neem therapeut Richard (58)

bijvoorbeeld, werkzaam in een zorginstelling. Hij heeft een grote staat van dienst, maar hij ziet zichzelf voorbijgelopen door de jongere generatie. Hij heeft die hippe cursus niet gedaan en kan zichzelf niet zo goed verkopen via allerlei online netwerken. Eerder dan gedacht voelt hij zichzelf als een fossiel – en dat maakt dat hij zich nog meer terugtrekt. 'Doe ik er nog wel toe als ik niet meedoe aan deze ratrace?' De coronacrisis die de wereld even stilzette, kwam voor hem als een verademing. 'Heel even kon ik mijn ambities ook in lockdown zetten. Helaas duurde dat niet lang,' vervolgt hij, 'al gauw profileerde iedereen zich weer via zoommeetings en andere innovatieve platforms. Moet ik daaraan meedoen, of moet ik aanvaarden dat dit het is?' Jezelf optimaliseren is het devies en via sociale media zie je hoe die zelfverbetering je leven mooier maakt. Anderen is het al wel gelukt – zelfs midden in een crisis – dus stap in de race en krijg een geweldig leven.

Heel even kon ik mijn ambities ook in lockdown zetten. Helaas duurde dat niet lang.

Hoe hoog leg je de lat? Of: aan welke lat van anderen wil jij voldoen?

Terwijl ik rende door de kloostergangen, schaamde ik me diep. De druk om ergens aan te voldoen – die ik mezelf oplegde – bracht me bij mijn waarden vandaan. Wat maakte dat ik toch doorrende al wist ik dat het niet nodig was? Waarom was ik zo streng voor mezelf op een plek waar ik altijd zoveel leer over rust en ontvangen? Waarom liet ik me opjagen?

Uit onderzoeken van het Sociaal en Cultureel Planbureau blijkt dat mijn gedrag niet op zichzelf staat.[4] Ondanks het feit dat we meer 'vrije tijd' gekregen hebben, voelen mensen zich vaker 'opgejaagd'. Veertig procent van de Nederlanders heeft dat gevoel, gemiddeld twee dagen in de week. Het SCP stelt verder in een in 2017 verschenen rapport dat de onrust tot en met 2050 significant zal toenemen.[5] Mensen krijgen meer aan hun hoofd en er zal een scheiding ontstaan tussen degenen die de gecompliceerde netwerksamenleving wel en niet aankunnen. Hoewel je in crisistijd ziet dat mensen elkaar proberen te helpen, wordt de kloof ook dan steeds zichtbaarder. Arme gezinnen hadden geen computers waarop thuisonderwijs gegeven kon worden in tijd van corona. Terwijl de wereld online ging, visten er miljoenen dagloners ter wereld achter het net. Zij konden en kunnen online vaak niet meedoen. Degenen die al achterlopen, komen in een crisis vaak nog veel verder achter te lopen. En dan heb je natuurlijk onze buurpsychiater Dirk de Wachter uit België die in zijn *Borderline Times* stelt dat de westerse mens overprikkeld, egocentrisch en hoogmoedig is geworden, continu op zoek naar bevrediging en bevestiging – niet meer in staat om soms ook gewoon een beetje ongelukkig te zijn.[6] We zijn hyperindividuen geworden die allemaal het beste uit zichzelf moeten halen en daar hard voor moeten werken. Hoelang houd je dat vol?

Kom op adem

We werken dus hard, maar gezien de toename in het aantal kloosterbezoeken is het duidelijk dat we ergens wel doorhebben dat we het daarmee niet redden.[7] Een mens heeft rust nodig en dat idee is niet nieuw. Oude Griekse filosofen waarschuwden al dat werk zonder rust niet veel nieuws oplevert. En de Amerikaanse journalist Thompson noemt als eerste recept voor die overprikkelde samenleving dat we werk maar eens minder centraal zouden moeten stellen. Kom op adem, loop langzamer, word stiller: het leven heeft al zoveel in zich voordat wij er iets van maken.

Kom op adem, loop langzamer, word stiller: het leven heeft al zoveel in zich voordat wij er iets van maken.

Wij mensen leven van verbinding en bevestiging. Verbinding met ons hart, met de ander en met het grote geheel. De een zal bij dat grote geheel het woord God invullen, de ander de Liefde of de verbinding met de wereld – feit is dat je als mens wilt weten dat je ertoe doet en dat je niet alleen bent. Verbinding ontstaat wanneer we er de rust voor nemen; het zit namelijk in ons natuurlijke systeem om die aan te gaan. Op de stilteretraites die ik mag begeleiden, ben ik altijd weer verwonderd over wat er gebeurt als mensen in de rust durven te stappen – er is niet zo heel veel nodig om weer levenslust te ervaren.

Ons verlangen naar verbinding en ertoe doen is ook wat ons gevoelig maakt voor drukte. Elke keer wanneer we voelen dat we onmisbaar zijn, stroomt het gelukshormoon dopamine door onze hersenen – en daar willen we steeds meer van. Bij elk bericht en elke like op sociale media, bij elke vastgelegde afspraak of deal, voelen we dat we ertoe doen. Meer, meer, meer willen we ervan, al weten we wel dat het 'snacks' zijn waar we op teren, in plaats van echte dieperliggende verbinding. We mogen werken en ons spoeden – zoals Benedictus stelt – maar hoe doen we dat vanuit rust en waardigheid? Hoe leren we leven en werken vanuit verbinding zonder opgebrand te raken en wat is de rol van stilstand daarin? Daarover gaat dit boek.

Hoe leren we leven en werken vanuit verbinding zonder opgebrand te raken en wat is de rol van stilstand daarin?

In vele kloostertradities hanteert men het adagium: *als je rust, rust dan – als je werkt, werk dan.* Rusten betekent niet dat je 'uit' staat, maar dat je een ander gedeelte van jezelf aan bod laat komen waarbij andere hersendelen gestimuleerd worden en andere waarden tot bloei komen. Dat mag worden afgewisseld met hard werken, daar is niets mis mee. Daar benut je weer een ander potentieel mee en zo ontstaat er als het ware een interne gezonde biodiversiteit. Wanneer je het rusten vergeet, ontstaat er droge eenzijdige grond en ervaren mensen vroeg of laat een enorm gevoel van tekort. Het maakt je ongezonder en minder productief.

Rusten betekent niet dat je 'uit' staat, maar dat je een ander gedeelte van jezelf aan bod laat komen.

Wat is werk, wat is rust?

Gezond rusten definieer ik als volgt: rusten is de verbinding aangaan met jezelf, de ander en het grote geheel waar jij deel van uitmaakt. Rusten is het *zijn* bij het hart van alle dingen.
Gezond werken is vervolgens *doen vanuit of richting het zijn, in plaats van doen om te zijn.* Jouw bestaansrecht is de basis van waaruit je werkt, in plaats van dat je moet werken voor je bestaansrecht. Dat lijkt misschien een minuscuul verschil, maar in de praktijk heeft het grote gevolgen. Het is het verschil tussen leven of streven.
Werken en rusten horen bij elkaar en zijn toch ook verschillend. Wanneer we werken zonder ons hart, raken we opgebrand en daarom hebben we rust nodig om vitaal te blijven.
De beweging tussen werken en rusten mag spelenderwijs; er is geen goed of fout, maar wel een beweging van toenaderen en afstand nemen. Een beweging die je overal om je heen terugziet. Denk aan dag en nacht, eb en vloed, zomer en winter. Er is een tijd om in te keren en een tijd om naar buiten te treden. Alex Soojung-Kim Pang, stichter van de *Restfull Company* in Silicon Valley, zegt dat het onmogelijk is te praten over werk, zonder te spreken over rust.[8] Dat zou zijn alsof je een romance beschrijft met maar een van de twee geliefden! Veel mensen willen weten hoe ze beter leren werken – maar hoe zit het met beter leren rusten? Rusten wordt vaak gedefinieerd als de afwezigheid van werk; niet als iets wat waarde heeft in zichzelf. Een gemiste kans, blijkt uit talloze onderzoeken, zoals je de komende hoofdstukken

zult ontdekken. De uitdaging is dat we ons werk niet vermijden, maar dat we een goede wisselwerking ontwikkelen tussen rust en werk. Samen met vele andere rustzoekers ontdekte ik in mijn zoektocht naar rust dat:

1. *Rust en werk goede partners zijn.* Werkers van wereldklasse, zoals musici, schrijvers, atleten en ontwerpers combineerden dagelijkse perioden van intens werk met lange pauzes.
2. *Rust ook in actieve vorm kan plaatsvinden.* We denken dat rust een passieve bezigheid is, maar onze psyche is tijdens rustperioden hard aan het werk, meer dan we ons realiseren. Hier schreef ik al eerder over in mijn boek *Koester je hart.*
3. *Rust een vaardigheid is die je kunt aanleren,* bijvoorbeeld door goed zorg te dragen voor je ademhaling. Je innerlijk moet aan stilte en rust wennen en net als met sporten kun je gewoontes hiertoe rustig en langzaam opbouwen.
4. *Rust die je opzettelijk neemt, je creativiteit aanwakkert en behoudt.* Briljante ontdekkingen ontstonden vaak na een periode van rust!
5. *Opzettelijke rust bovendien voor een diep gevoel van zingeving zorgt* zoals schrijfster en journalist Sara Maitland ontdekte in haar zoektocht naar rust. Ze schreef in *Stilte als antwoord* een analyse en cultuurgeschiedenis van stilte en rust.[9] Daar bleek overigens ook uit dat onvrijwillige stilte je behoorlijk van slag kan brengen; niet voor niets bestonden vroegere straffen uit verbanningen naar verre stille oorden. Het is dus een kunst te ontdekken hoe je rust positief kunt inzetten en hoe je je bij onvrijwillige stilte kunt verhouden tot rust.
6. *Stilte en rust geen doel op zich zijn,* want voor je het weet beland je dan in een nieuw soort activisme. Zelf ontdekte ik vooral dat rust een middel is om uit te

komen bij het diepste van je hart. Stilte maakt je bewust dat je onderdeel bent van een groter geheel. Je wordt kleiner, bescheidener en je meer bewust van het unieke oneindige universum. Rust brengt alles weer in de juiste verhouding.

Acht handreikingen

Dit boek is de tegenhanger van het *werkisme*. Het beschrijft hoe je rusten als gewoontevorming toepast in je leven en leert je oefenen met een andere levenshouding, waardoor gezond werken en rusten elkaar afwisselen – zonder in activisme te vervallen. Acht handreikingen uit onder andere de kloostertraditie helpen je daarbij. Al zou je maar één van de leefgewoontes van dit boek toepassen, dan merk je direct al een verschil – omdat ze je aanzetten tot rust. Over werken zijn al talloze boeken volgeschreven, maar weet je ook hoe jij gezond kunt rusten?

Weet je ook hoe jij gezond kunt rusten?

De wereldwijde inspiratieverhalen uit dit boek laten je bovendien zien dat je met een combinatie van rust en werk veel betere kwaliteit levert en gelukkiger wordt. Door de eeuwen heen is er veel stilteliteratuur verschenen. Ook in de filosofie en in diverse geestelijke stromingen kom je de kracht van stilte tegen, zelfs in de architectuur van bijvoorbeeld kloosters zie je het belang van rust en stilte terugkomen. De weg naar binnen is een reis die al talloze pelgrimszoekers ondernamen en dit boek bouwt voort op die behoefte en rijke traditie, waarin principes voor rust niet alleen voor de elite, maar voor iedereen beschikbaar zijn. In de volgende hoofdstukken verkennen we deze handreikingen:

1. *Pauzes verdienen zichzelf terug* gaat over het nemen van rustmomenten op de juiste tijd.
2. *Beoordeel de dag naar wat je zaait, in plaats van oogst* gaat over rust nemen om je werk natuurlijk te laten groeien. Je ontdekt jouw grond.
3. *Wees onbereikbaar om beschikbaar te zijn* gaat over het goud van jouw aandacht. Wanneer je jouw 'goud' goed investeert, brengt het je meer rust.
4. *Schenk de wereld je waardigheid* gaat over het leven vanuit je hart, waardoor je geen onnodige aandacht meer besteed aan dingen waar je toch geen invloed op hebt. Dat geeft rust.
5. *Alles wat vandaag op je pad komt, is genoeg* gaat over jouw haalbare weg in plaats van dat je je laat dicteren door onmogelijke tijdsplanningen.
6. *Van keuzevrijheid naar gehoorzame vrijheid* gaat over leren luisteren naar wat je echte verzadiging brengt.
7. *Kies voor nederige gewoontevorming* gaat over het alledaagse leven waarin jij mensen kunt besmetten met kalmte in plaats van haast.
8. *Durf onaf te zijn* gaat over een leven lang leren als medicijn tegen het streven.

Burn-out in het klooster

Na de nachtwake waarvoor ik te laat was, maak ik een lange wandeling. In mij is het onrustig. Het is me inmiddels wel duidelijk dat ik te lang geen gezonde rust heb genomen en dat ik me daarom zo laat opjagen. *Ik mag verder op de weg terug,* zoals een Joodse rabbi ooit tegen me zei. Terug naar mijn hart. Op een of andere manier lukt dat me deze dagen niet goed, al ben ik een fervent kloosterbezoeker. Ik ben in de verkeerde modus terechtgekomen – doen om te zijn – en vertel de gastenbroeder dat ik al voor de avondmaaltijd zal vertrekken.

'Nee, dat kan niet,' zegt hij. 'Er is zojuist een andere gast gearriveerd en het zou wel fijn zijn als u nog even met hem dineert.'
Een laatste geste dan; ik zal alleen een boterham smeren en slechts enkele woorden met de vreemdeling wisselen.
Het is een oudere man en omdat ik geen zin heb in vragen over mij, begin ik hem te bevragen. Zijn vrouw is nog geen jaar geleden overleden en hij doceert Franse taal- en letterkunde. Tot mijn verrassing vertelt hij me dat hij ooit zelf monnik in dit klooster was.
'Waarom bent u weggegaan?'
Hij glimlacht: 'Ik raakte burn-out in het klooster.'
Ik verschuif naar het voorste puntje van mijn stoel. 'Burn-out?'
Hij knikt: 'Ik wilde het te goed doen. Mijn handelingen waren niet uit liefde en er was geen goede begeleiding. Ik voelde me veroordeeld, maar dat zat in mijzelf. De muren van dit klooster werden een gevangenis en ik liep helemaal vast. Voor mijn gezondheid was het beter om afscheid te nemen.'
Zo, die zit. Perplex kijk ik hem aan.
'Het gaat om genade,' zegt hij er nog achteraan.
Ja, ik weet wat genade is. Niet bemachtigen, maar ontvangen. Niet (be)grijpen, maar ontdekken. Iets aannemen waar je niets voor gepresteerd hebt.
Hij vervolgt: 'Nu – na jaren – kan ik terugkeren naar deze plek. En ontdek ik dat het goed is hier.'
We praten er nog even over door en ik vertel hem van mijn eigen frustratie deze dagen.
'U wilde toch uw trein halen?' zegt hij opeens tussen twee zinnen door.
'Het is te laat om hem nog te halen,' stamel ik.
Hij kijkt vorsend naar de klok. 'Welnee, niet als je nu rent.'
'Rent?' Ik zie mezelf weer gaan door die kloostergangen.
'Snel, gaan nu. Je haalt het nog net!'
Dus ren ik het klooster uit – een grote grijns op mijn gezicht.

Spelen

Ik wil je uitnodigen dit boek te lezen met de houding van deze ex-monnik. Vanuit de werkmodus ben je geneigd om de acht hoofdstukken die nu volgen tot maatstaf te maken voor een werkbaar leven. Voor je het weet ga je stevig aan de slag om te rusten en worden deze regels een gevangenis. Lees spelend en zoekend, neem de tijd om elke dag opnieuw te beginnen, zoals de heilige Teresa van Avila ooit zei. Hoewel ik al jaren trainingen en lezingen geef over het nemen van rust, ik leer nog elke dag. Laat anderen je geen maatstaf opleggen, zoek naar de weg die voor jou haalbaar is. Laat je daarin inspireren door de mensen die midden in de chaos hun rust durven te nemen. Vaak nemen wij pas rust als alles op orde is. Wanneer je de boel onder controle hebt, mag je eindelijk even achteroverleunen. In elk hoofdstuk lees je de verhalen van inspirators – afkomstig uit allerlei gebieden ter wereld – die je voordoen hoe je rust kunt nemen midden in de chaos. Zij leren je te opereren vanuit rust en laten je zien wat dat oplevert. Laat je aanmoedigen door een bekende rapper, een bergbeklimmer, een bisschop, een Oegandese plantage-eigenaar en vele anderen.

Test jouw houding

Wat is de houding van waaruit jij leeft en werkt?

Zet een rondje om de woorden die jij herkent in je werkhouding van vandaag. Deze woorden zijn de uitkomst van een onderzoek van onderzoekhoogleraar Brené Brown naar veerkracht – en gelden ook voor de werksituatie. De lichte woorden brengen je meer in de rust dan de zwarte woorden. De komende hoofdstukken helpen je richting deze veerkracht.

Geluk

Behoefte aan zekerheid

Perfectionisme

Verbondenheid

Vergelijken

Geloof

Uitputting

Hoop

Oordelen

Intuïtie

Gevoelens van schaarste

Dankbaarheid

Liefde

Eigenwaarde

Gevoelens dempen

Aanpassen

Rusten

Creativiteit

Niemand nodig hebben

Vertrouwen

Spelen

HOOFDSTUK 1

PAUZES VERDIENEN ZICHZELF TERUG

Tijd die je neemt, is tijd die je iets teruggeeft. Wie stilte zoekt, vindt wat is verloren. Hoe pauzes je het leven laten ontdekken.

wie stilte *zoekt*

VINDT WAT

IS ***VERLOREN***

Klimexpeditie Gasherbrum (8068 m, Pakistan)
In het holst van de nacht klinken er tentritsen. Het is 03.00 uur wanneer het klimteam van Katja Staartjes zich opmaakt voor een lange tocht over de spletenrijke gletsjer vanuit het basiskamp naar het eerste hoogtekamp. Het doel is om in een paar dagen door te klimmen naar de top. Stap voor stap gaan ze bergopwaarts, de Gasherbrum op, de sneeuw dwarrelt inmiddels naar beneden, wat ook voorspeld was. Langzaam wordt het lichter en in de loop van de ochtend bereiken ze het eerste kamp. In tegenstelling tot de weersvooruitzichten houdt de sneeuwval aan. Wat te doen? Het risico nemen om dagen vast te zitten in het hoogtekamp en daarmee veel kracht te verliezen? Of onverrichter zake afdalen naar het basiskamp, maar daar wel kunnen aansterken voor een nieuwe poging? Het wordt het laatste en daarmee een spannende afdaling: er is zeker 30 cm sneeuw bij gevallen en ze zien geen hand voor ogen. Extra gevaar dreigt voor een val in de met sneeuw bedekte gletsjerspleten. Net voor het duister invalt, komen ze in het basiskamp terug; het team kan opgelucht ademhalen en daar bijkomen.

Katja Staartjes (1963) beklom de Mount Everest en leidde expedities naar heel wat hooggebergtes. In haar dagelijks leven vindt ze het lastig om te ontspannen, vertelt ze wanneer ik haar spreek. Hoewel ze in haar boeken juist het belang benadrukt van rust.[10] Onthaasting is essentieel, juist in de bergen: 'Wanneer je geen rust neemt, ga je in de bergen dood. Klimmen op grote hoogte is een waanzinnige aanslag op je gestel, zowel fysiek als mentaal. Daarom gaan klimmers na elke klimronde terug naar het basiskamp voor herstel. Onder de 5500 meter is er voldoende zuurstof in de lucht aanwezig en een mens kan alleen herstellen met voldoende zuurstof. Dus daal je af, je doet een stap terug om daarna weer twee stappen vooruit te kunnen zetten. Soms moet je bijsturen om je doel te behalen. En soms is het risico te groot of blijkt het doel niet haalbaar. Dan is het belangrijk te kunnen terugkeren op je schreden.' Dat maakte Staartjes al meerdere malen in haar carrière mee. Zo keerde ze een paar maal vlak onder de top van een 'achtduizender' om: één keer op 7600 meter, omdat ze een slecht buikgevoel had over de weersomstandigheden en op de berg Manaslu keerde ze om op 8130 meter, slechts dertig meter onder de top; het laatste stuk over de bergkam was te gevaarlijk. Om goede beslissingen te nemen is het cruciaal dat je naar je intuïtie kunt luisteren. En dat lukt beter als je af en toe pauze en afstand neemt. Op een klimexpeditie zijn dat de momenten in het basiskamp.

'Boven de 7000 meter kan ik niet meer reflecteren op het normale leven. Ik ben dan alleen nog maar bezig met overleven en gefocust op de top.' Momenten van rust en bezinning zijn broodnodig, om de energie op te laden en onderweg de juiste beslissingen te kunnen nemen. 'Vanuit het basiskamp krijg je weer overzicht; op de omstandigheden, het weer en je grenzen. Zonder bezinning geen topsucces! Tijdens een van de expedities maakte ik een klimmer mee die zo ambitieus en gefocust was om de top te bereiken dat hij zijn grenzen uit het oog verloor. Hij haalde de top, maar betaalde daarvoor in de afdaling de tol: zijn leven. Dieptriest. Geen beklimming is het waard er je leven voor te laten.'

Zonder herstel van je inspanningen betaal je in de bergen direct de prijs, in het gewone dagelijkse leven is dat meestal minder zichtbaar. Staartjes: 'Ik vind het daarom moeilijker om rust te

Zonder herstel van je inspanningen betaal je in de bergen direct de prijs.

nemen in het dagelijks leven dan in de bergen. Dat terwijl de voordelen dezelfde zijn; met meer rust ben je helderder en kun je beter koers houden. Of juist de koers aanpassen als dat nodig is. Ik vind mijn rust door lange stukken te wandelen – ik kan aarden, krijg helderheid en kom los van het dagelijkse gedoe. Op welke wijze je ontspant is natuurlijk voor iedereen anders. Het is belangrijk te ontdekken wat het beste bij jou past.'

Ademtherapie

Tijdens een pauze kom je weer op adem. Voor bergbeklimmers hoogstnoodzakelijk, maar ook voor de mens in het gewone alledaagse leven.[11] Wanneer je structureel niet op adem komt, gebeurt er namelijk iets in je lijf; het herstelt zich niet meer. Je kunt aanhoudende klachten krijgen zonder duidelijke oorzaak, zoals vermoeidheid, kortademigheid, lusteloosheid, maag- en/of darmklachten, hyperventilatie, fibromyalgie, burn-out of andere overspanningsklachten. Mensen met chronische stress hebben bovendien een verhoogd risico op hartproblemen, blijkt uit een onderzoek in 2004, uitgevoerd in 52 landen.[12]

Je hebt als lichaam een gaspedaal (sympathicus) en een rempedaal (parasympathicus) ter beschikking. Bij veel mensen met overspanningsklachten draait het gaspedaal overuren en is het rempedaal nauwelijks actief. Wanneer je in je leven vooral steeds op het gaspedaal drukt, is het lichaam zelfs in rust nog aan het werk. De hartslag is verhoogd, de ademhaling is versneld en de spijsvertering staat op een laag pitje, zelfs wanneer je in je bed ligt! Het lichaam maakt hierbij gebruik van verbranding van glucose in plaats van vetverbranding. Maar de glucosevoorraad is beperkt en zal dus na enkele uren opgebruikt zijn. Glucose is bedoeld voor snelle energie die vrijgemaakt moet worden bij (kortdurende) fysieke inspanning. Wanneer de voorraad op is, wordt het lichaam moe en moet het rusten. Maar als het rempedaal niet meer werkt, verloopt de aanvulling van glucose niet goed. Je komt in een vicieuze cirkel van vermoeidheid terecht.

Er is goed nieuws: Je kunt de verstoring van het gas- en rempedaal weer in orde maken door ademoefeningen.

Wanneer je regelmatig oefent met een gezonde ademhaling zal het lichaam onbewust weer in de juiste balans komen. Bij een juiste manier van ademhalen, ontspant het lichaam en komt daardoor weer in de goede vetverbranding terecht. Er bestaan therapieën die kunnen meten of jij roofbouw pleegt op je lichaam. Stapsgewijs helpt ademtherapie je terug naar een juiste ademhaling. Wanneer het eenmaal mis is, kan het zijn dat dit behoorlijk wat tijd kost. Toen ik zelf een burn-out had, zat ik compleet vast in de verkeerde ademhaling en kostte het mij jaren voordat ik weer in de goede balans terechtkwam. Je kunt ook zonder ingewikkelde therapie wat meer over je adem te weten komen. Leg een hand op je borst en buik en ontdek waar jouw ademhaling voelbaar is. De meeste mensen hebben een hoge ademhaling vanuit de borst, soms wel meer dan zestien keer per minuut. Een ademhaling in rust is laag vanuit de buik en ben je echt in rust, dan kun je toe met zes ademhalingen per minuut. De bedoeling is dat deze twee elkaar afwisselen. Af en toe een hoge ademhaling is niet erg, mits je ook weer gas terug kunt nemen. Als dat niet het geval is, is een pas op de plaats geen verkeerd idee! Het leven begint met adem en het eindigt als je adem ermee stopt; het is een kostbaar geschenk dat je aan het begin van je tijd geschonken is. Ga er zorgvuldig mee om. Het bijzondere is dat de adem het enige is waar je meer van krijgt als je minder doet! Een volwassen mens haalt per dag gemiddeld twintigduizend keer adem; dat betekent dat je dus ook twintigduizend keer per dag kunt beginnen met een andere manier van leven. In het bijbelse scheppingsverhaal in Genesis staat opgetekend dat God de aarde schiep in zeven dagen. Nadat eerst de aarde en alles wat daarop leeft is gemaakt, neemt God een dag rust. Er staat letterlijk in de

Het bijzondere is dat de adem het enige is waar je meer van krijgt als je minder doet!

Bijbel dat hij zijn adem een dag rust gunt (Exodus 31:17). Best intrigerend toch: dat zelfs God ruimte neemt om zijn adem rust te gunnen! De Joodse rabbi Heschel ziet in deze rustdag een diepe waarde. Nadat God de mens had geschapen – de kroon op de schepping – ontbrak er blijkbaar nog wat: de rust. De rust is de ultieme kroon op de schepping van waaruit we alles mogen inkleuren.

Bij de Joden is de sjabbat – de wekelijkse rustdag – ook nog steeds een belangrijk moment en omgeven door allerlei rituelen. De sjabbat wordt goed voorbereid en gepland. Zolang je rust niet voorbereidt en plant, beleef je er ook geen lol aan. Rust is dan een vervelende onderbreking van je bezigheden. De Joden bereiden hun rust zorgvuldig voor. De hele week is men al bezig met het toeleven naar dit hoogtepunt: met elkaar de sjabbat vieren. Alle werkzaamheden leiden naar het moment van het vieren van de rust.

Waar leef jij naartoe?
Waar ligt jouw hoogtepunt van de week?
Heeft dat hoogtepunt te maken met op adem komen?

Thermiek

Het belang van rust en ademruimte zie je ook terug in het dierenrijk. Ooievaars en vele andere vogels laten ons zien dat echte hoogtepunten in je leven vaak bereikt worden met genoeg adem en wind. In de natuurserie *Earthflight* van de BBC ontdek je veel over het vliegen op thermiek. Veel vogels maken hier gebruik van, onder andere ooievaars. Ze zijn alleen in staat om grote afstanden af te leggen wanneer ze gebruik maken van de wind om op te zweven. Zo komen ze op adem en behalen ze vliegafstanden waar een mens alleen maar van kan dromen. Wanneer ooievaars vanuit het zuiden richting Europa vliegen, gaan ze meestal over land; daar is voldoende thermiek te vinden. Over land duurt iets langer dan over zee, maar je wint er een ooievaarsleven mee. Eigenwijze ooievaars die toch de kortere route over zee pakken, bewijzen dat. Boven zee is er weinig thermiek en veel ooievaars verliezen gedurende de reis zoveel hoogte dat ze verdrinken in zee zodra hun vleugels het water raken. Er zijn gelukkigen die onderweg nog een eiland tegenkomen waar wat thermiek te vinden is en ze dus opnieuw hoogte kunnen winnen.

Bij arenden is het vliegen op thermiek helemaal belangrijk. Een arend is continu op zoek naar thermiekbellen; zijn leven bestaat uit het zoeken naar thermiek waarop hij kan rusten. Hiermee kunnen ze wel 500 duizend kilometer per jaar halen. Een arend leert te spelen met de wind; bij stormen laat hij zich tot grote hoogtes tillen; daar houdt hij het beter uit. Een arend met ervaring kent de juiste verhouding tussen werken en rusten. Twee minuten klapwieken en 58 minuten zweven, is het devies! Pauzes zou je kunnen zien als de broodnodige thermiek in je leven. Hoe is de verhouding bij jou momenteel?

Twee minuten klapwieken en 58 minuten zweven, is het devies!

Wat je brein doet

Pauzes nemen en op adem komen, is niet alleen iets voor mensen met een burn-out. Op de politieacademie leren agenten om in noodsituaties beslissingen te nemen vanuit een adem in rust. Wat blijkt: je hersenen zijn in staat adequater te reageren vanuit een toestand in rust. Naast je lichaam heeft ook je brein er baat bij om tot rust te komen. Je wordt zelfs slimmer wanneer je pauzes neemt! Dat ligt er overigens wel aan *hoe* je ze neemt, maar daarover later meer. Laten we aannemen dat jij in je pauzes even mag 'niksen' of dagdromen. Het schijnt overigens dat we al 47 procent van onze tijd aan het dagdromen zijn, maar vertel je werkgever maar even niets over deze studies van Harvard-onderzoekers Gilbert en Killingsworth. Of toch wel, want als jouw werkgever erachter komt wat dagdromen voor functie heeft, richt hij of zij waarschijnlijk direct een loungeplek in. Tijdens het dagdromen worden er proteïnen toegevoegd aan neuronen die nieuwe informatie dragen, ontdekten ze aan de universiteit van Bonn. Dagdromen versnelt het proces van herinneren onbewust en beter dan wanneer we informatie 'stampen'. Deze mentaal verwerkte informatie blijft bovendien langer hangen.[13] Af en toe uit het raam staren, is bovendien heel goed voor je archiverende brein. Veel mensen komen tot de meest briljante ideeën tijdens de drie b's: bed, bad en bus. Het reflecterende brein neemt dan rust en dan kan het archiverende brein aan de slag. Het sorteert en ordent zijn enorme database aan informatie en gaat op zoek naar bruikbare informatie voor het reflecterende brein. Het draagt nieuwe, creatieve en verrassende inzichten aan. Geregeld nietsdoen is dus heel nuttig! En onderschat daarbij het belang van slaap niet! (zie kader 2)

Je wordt 'slimmer' wanneer je pauzes neemt, maar het werkt ook andersom. Wanneer je ze niet neemt en continu op het gaspedaal drukt, word je dommer – betogen Princeton psycholoog Eldar Shafir en Harvard econoom Sendhil Mullainathan in hun boek *Schaarste*.[14] Wanneer we steeds maar in onze actieve modus zitten, krijgen we een gevoel van armoede – gebrek aan tijd. Dat gevoel van schaarste doet wat met onze hersenen. Het slokt ons denkvermogen op omdat we veel meer gaan tobben en we zijn bovendien vatbaarder voor verleidingen. Misschien herken je het wel: je bent al overwerkt en hoort jezelf iets beloven wat je eigenlijk niet waar kunt maken! Dat komt omdat je denkt vanuit een tunnelvisie. Je bent zo bezig met het oplossen van je probleem van schaarste dat je andere afwegingen en overwegingen verwaarloost, onderschat of verdringt. De schrijvers noemen dat afname van de bandbreedte; het vermogen om aandacht op te brengen, om goede beslissingen te nemen, aan onze plannen vast te houden en om verleidingen te weerstaan. Wanneer je bandbreedte belast is, heeft dat invloed op je mate van geduld, tolerantie, aandacht, toewijding en je geheugen. Het kan leiden tot onverstandige beslissingen, onzorgvuldigheid, afwezigheid en impulsiviteit. Wanneer je zwaarbelast bent kun je je minder goed richten op langetermijndoelen. Op den duur werkt dit tekort aan bandbreedte daarom nieuwe schaarste in de hand. Tobben zorgt voor zoveel concentratie dat andere zaken die er echt toe doen geen ruimte meer krijgen. Uit onderzoek blijkt dat mensen die te maken hebben met schaarste ruim 10 IQ-punten minder scoren op intelligentietesten! Wanneer ik dus domme beslissingen neem of dingen beloof die ik niet kan waarmaken, weet ik wat te doen: pauzes nemen en slapen.

Kader 1: Breintypes

Psychiater Compernelle beschrijft in zijn boek *Ontketen je brein* de verschillende breintypes die we hebben.

Het **reflexbrein** is snel en primitief. Het reageert op prikkels uit de omgeving en zet na veel training leerresultaten om in routines en gewoonten.

Het **reflecterende brein** is uniek voor de mens. We kunnen hierdoor concreet en abstract denken. Het denkt bewust, kritisch en oplossingsgericht.

Het **archiverende brein** ordent voortdurend informatie voor het reflecterende brein. Zonder dit brein is ons hoofd een rommeltje en kunnen we ook niet tot heldere reflecties komen.

Kader 2: Slaap jezelf beter

Wanneer ik met mensen een tijdverdelingscirkel invul tijdens de trainingen, begin ik altijd met slaap. Slaap is goud. Vul altijd je gewenste uren slaap in wanneer je kijkt naar je tijdverdeling. Je hebt 168 uur per week ter beschikking en de tijd die je aan slaap besteedt, is geen verloren tijd. Slaap brengt je terug bij een gezonde ademhaling, waardoor je lichaam sneller herstelt. Voel je je grieperig; duik dan ook snel je bed in. Hoe eerder je dat doet, hoe sneller je herstelt. Tegelijkertijd is gezonde slaap ook goed voor je mentale gezondheid. Je archiverende brein doet het goed op slaap; eindelijk geen afleiding! Tijdens je slaap kun je bovendien bijzondere oplossende dromen krijgen – in mijn eigen leven baseer ik veel beslissingen op dit soort dromen, maar niet iedereen onthoudt zijn dromen. Het is aan te raden een droomdagboek bij te houden als je dit wilt ontwikkelen bij jezelf. Alleen al het sluiten van je ogen, brengt je in fysiologische rust; je drukt daarmee als het ware even op de 'resetknop' van je brein. De beroemde schilder Salvador Dali maakte hier gebruik van. Terwijl hij zijn ogen dichtdeed om te rusten, hield hij een sleutel in zijn handen. Zodra hij in slaap viel, viel de sleutel uit zijn handen en werd hij wakker van het gekletter. 'Dat vluchtige ogenblik waarin je nog maar net het bewustzijn van je omgeving kwijt bent en je niet weet of je echt geslapen hebt, is absoluut genoeg,' stelde hij. En: 'Je hebt geen seconde langer nodig om lichamelijk en geestelijk helemaal uit te rusten.'[15] De ideale tijd voor een goed dutje is tien tot vijftien minuten, maar vergeet ook echte langere slaapperiodes niet.[16] Wanneer we langer slapen, komen we in de remslaapfase terecht, waarin we diep emotioneel uitrusten. Gedurende de nacht doorlopen we die fase vier tot vijf keer.[17] Slaap is een beproefde rustpauze!

Blue Zones

Mocht je nu nog steeds niet overtuigd zijn van het belang van pauzes nemen, dan is er nog een zeer belangrijke reden: je wordt er gelukkiger en gezonder ouder van!

De Amerikaan Dan Buetner deed jarenlang onderzoek naar gebieden in de wereld waar mensen gezonder, vitaler en gelukkiger hoogbejaard worden, vergeleken met de rest van de wereld. Hij ontdekte interessante overeenkomsten en noemde deze gebieden de Blue Zones. Een van de overeenkomsten, je raadt het al, is het nemen van pauzes. Mensen in de Blue Zones hebben dagelijkse routines ontwikkeld waardoor zij stress van zich af kunnen schudden. Sommigen staan een moment stil bij hun voorouders, anderen doen midden op de dag een dutje en weer anderen bidden. Interessant is dat pauzes nemen in al hun leefgewoontes terugkeert. Zo eten zij hun maag bijvoorbeeld niet 100 procent vol, maar stoppen ze als ze 80 procent vol zitten.

Hoe neem je de beste pauzes?

Elke dag om vijf uur stipt nam Churchill een borrel om daarna twee uur te dutten. Hij was beroemd om zijn dutjes. Het lukte hem op deze manier om anderhalve werkdag te proppen in 24 uur. Hij ging vaak 's nachts door en leidde soms belangrijke oorlogsbesprekingen vanuit zijn badkuip. Dan zijn er ook de verhalen van Steve Jobs. De Apple-pionier isoleerde zich af en toe van de buitenwereld om zich te concentreren. Net als Bill Gates die zelfs denkweken inlaste. Misschien had hij daarbij Albert Einstein in gedachten die ooit zei: 'Het is niet zo dat ik zo slim ben, ik blijf alleen langer met vraagstukken bezig.' We laten ons veel te vaak afleiden doordat we bezig zijn met multitasken en onze verschillende breinen te veel door elkaar heen gebruiken. Verderop in dit boek ga ik dieper in op het voorbeeld van president Eisenhower en zijn Telegraph Cottage. Hij trok zich ten tijde van de oorlog soms langere tijd terug in dit buitenhuis, speelde daar golf en las misdaadromans. Een aantal belangrijke elementen voor een pauze komen in zijn verhaal terug en zijn ook onderzocht door de Duitse psychologe Sabine Sonnentag, die al twintig jaar onderzoek doet naar de aspecten van herstel.[18] Een aantal tips van haar en uit andere onderzoeken:

1. *Neem echte pauze en blokkeer externe afleiding.* Kom op adem! Eisenhower liet zich niet afleiden in zijn Cottage. Maar heel weinig mensen wisten van het bestaan ervan.
2. *Zorg dat je je pauze lang genoeg laat duren en neem mentaal afstand.* Mensen die een balans vinden in 52 minuten werken en 17 minuten pauze blijken heel productief. Maar soms heb je ook een langere pauze nodig.[19] Elke zeven weken een week vrij is een beproefd concept.
3. *Maak een swift tussen de verschillende hersensystemen.* Wanneer je gedurende je werk continu bezig bent met ingewikkelde vraagstukken, geef je geest tijdens een pauze dan een vrije opdracht, ga 'spelen'. Eisenhower deed dit door golf te spelen (hij sloeg ruim achthonderd keer een balletje tijdens zijn ambtsperiode!) en zijn favoriete boeken te lezen.[20] Wanneer jij al de hele dag achter de computer zit, is intensief een krant lezen voor je hoofd geen pauze! Ga op zoek naar ontspanning die je tegengestelde hersendelen aan het werk zet.[21]
4. *Zorg voor controle over je pauzes.* We houden niet van onverwachte pauzes, maar als we ze zelf mogen controleren leveren ze ons veel vreugde op.[22] De handreiking aan het einde van dit hoofdstuk kun je gebruiken om kruisen in je agenda te zetten. Vul je agenda eerst met de pauzes en vul daarna de rest in.
5. *Als het je lukt, ga dan 'niksen'.* Liggen in het gras is een zeer effectieve pauzemethode. Het toonaangevende Amerikaanse tijdschrift *Time* schreef in 2019 zelfs

een lijvig artikel over het Nederlandse 'niksen'.[23] Het is dé nieuwe Noord-Europese trend om een gestrest leven tegen te gaan, in navolging van het Deense *hygge* (gezelligheid) en het Zweedse *lagom* (alles met mate). Niksen kan zo simpel zijn als gewoon wat rondhangen, om je heen kijken of naar muziek luisteren. Binnenkort zal deze trend overal te zien zijn, voorspelt *Time Magazine*. Zie je dus een groep hangjongeren chillen op de hoek van je straat; jaag ze niet weg, maar doe ze na. Overigens zijn je hersenen nog steeds aan het werk als je 'nikst', je gebruikt alleen een ander hersengedeelte. Sterker nog: hersenen in rust verbruiken bijna net zoveel energie als wanneer je aandachtig met iets bezig bent. Je kunt dus ook heel moe worden van rusten, zo ontdekte Marcus Raichle, hoogleraar neurologie aan de medische faculteit van de universiteit van Washington.[24] Heb je niks met niksen, maak je geen zorgen, want

6. *Wanneer je tijdens je pauze een uitdagende activiteit doet of wanneer je iets nieuws leert, kom je ook tot rust. Mastery experiences* zijn goed voor je geest, zo ontdekte psychologe Sonnentag.

Omgaan met je schuldgevoel

Herken je dat; je hebt dit hele hoofdstuk gelezen en weet nu dat het echt heel slim, gezond en beter is om een pauze te nemen. En toch ... zodra je een pauze neemt, verschijnt er een kriebelig gevoel in je binnenste; je voelt je schuldig. Zit jij een beetje lekker pauze te nemen terwijl de rest van de planeet zich een slag in de rondte werkt, dat kan toch helemaal niet? We zijn verslaafd aan 'doen', zo bleek ook uit een onderzoek aan de universiteit van Virginia in 2014.[25] Proefpersonen die daar in een lege ruimte zonder enige afleiding werden geplaatst, kregen de mogelijkheid zichzelf een elektrische schok toe te dienen. 67% van de mannen en 25% van de vrouwen maakte daar gebruik van, simpelweg om iets te 'doen' te hebben!

Waarom willen we zoveel doen? Simpelweg omdat we er liever toe willen doen dan ertoe willen zijn. Niets is zo onverdraaglijk voor de mens als volledige rust.

Waarom willen we zoveel doen? Simpelweg omdat we er liever toe willen *doen* dan ertoe willen *zijn.* Niets is zo onverdraaglijk voor de mens als volledige rust. We zijn bang om tekort te schieten, machteloos en leeg te worden; beweging is onze natuur en algehele rust is de dood, schrijft de zeventiende-eeuwse denker Blaise Pascal.[26] Alle ellende in de wereld komt daaruit voort dat een mens niet gewoon rustig met zichzelf in een kamer kan zijn.

Terug naar het schuldgevoel dat je kunt ervaren wanneer je eindelijk eens rustig op je stoel zit. Wat zit daarachter? Laten we het schuldgevoel eens wat nader onderzoeken, in plaats van Calvijn er direct bij te slepen (ach ja, we zijn zo calvinistisch van aard).

Gebeurtenis: Je neemt pauze.
Emotie: je voelt je schuldig. Hé, dit is interessant: schuldgevoel is helemaal geen emotie! Omdat het woord 'gevoel' in het woord verborgen zit, denken wij dat het een emotie is, maar het is een oordeel of interpretatie! Het kan wel zijn dat je je tijdens een pauze onzeker, opgelaten, vervreemd, verward, zenuwachtig, rusteloos, paniekerig, beverig, eenzaam, ellendig, gekweld, geprikkeld, knorrig, kwaad of onbehaaglijk voelt. Sterker nog; wanneer jij bijna nooit een pauze neemt, is de kans groot dat je een van bovenstaande dingen ervaart. Achter deze emoties

kunnen verschillende behoeftes schuilgaan. Zoals de behoefte aan betekenis, beweging, zien en gezien worden. Ga eens op zoek naar jouw diepere behoefte in plaats van je pauzes over te slaan. Veel mensen hebben op jonge leeftijd nooit geleerd dat pauze erbij hoort. Ze waren pas iemand als ze iets presteerden. Daarom voelen ze zich een nobody als ze een pauze nemen. Ze voelen zich niet gezien, eenzaam en alleen bij elk flintertje alleen-tijd. Misschien denk je dat ik overdrijf, maar ik kom dit bij veel mensen in mijn praktijk tegen. Bij elke retraite die ik neem, sta ik hier ook voor mezelf bewust bij stil en spreek ik mezelf toe: 'Ik weet dat je bang bent, maar het is niet eng. Je mag er zijn. Je wordt gezien. Neem je tijd, ontvang je ruimte. Er is genoeg voor jou vandaag, al ren je niet van hot naar her. Ontdek het leven maar weer opnieuw.' En steevast mompel ik dan ook de uitspraak van een boer, die ik mooier vind dan alle uitspraken van de wijsgeren bij elkaar: 'Ik ben nog niet klaar, maar ik houd er nu wel even mee op.'

ONTHAASTING

✓ 40 verschillende manieren van rust en pauze houden vind je terug in mijn eerdere boek *Koester je hart*. Maar jij hebt zelf ook al beproefde rustmethodes in je leven ondervonden. Maak een lijst van minimaal tien dingen waarvan jij tot rust komt. Kun je er iedere week één van waarmaken?

✓ Plan je pauzes vooraf in. De volgende richtlijn kan je daarbij helpen. Hij is van Geert Derkse, die als oblaat is verbonden aan een klooster:

Een halfuur stilte per dag
Een stille avond per week
Een stille dag per maand
Een stil weekend per kwartaal
Een stille week per jaar[27]

✓ Oefen deze week eens met een dutje. Elke dag een kleine siësta. Hoe merk jij het verschil?

✓ Zit je de hele dag achter je computer: bel vandaag iemand die ook achter zijn computer zit en nodig hem of haar uit voor een lunchwandeling.

✓ Welke gevoelens en behoeftes kom je op het spoor wanneer je regelmatig pauze houdt?

HOOFDSTUK 2

BEOORDEEL DE DAG NAAR WAT JE ZAAIT IN PLAATS VAN OOGST

Neem rust om je werk natuurlijk te laten groeien. Ontdek en waardeer jouw grond.

BEOORDEEL
DE DAG

naar wat je
ZAAIT

in plaats van
OOGST

Joseph heeft in zijn leven niet bereikt wat hij zou willen en uit frustratie slaat hij zijn vrouw. Als je je afvraagt wat dit nu met jouw werk en leven te maken heeft, lees dan eerst even verder. Het verhaal van Joseph en zijn vrouw Joyce Mary staat namelijk niet voor niets in de vorm van een foto op mijn bureaublad. Op deze foto zie je een grote ton met versgeplukte sinaasappels staan. Het is het meest bemoedigende verhaal over rust en werk dat ik ooit heb gehoord en vaak zit ik in gedachten weer even onder de schaduw van de bomen in het kleine dorpje waar ik hen voor het eerst ontmoette. Joseph en zijn vrouw wonen in de binnenlanden van Oeganda in een gehucht met een paar huizen. Op het eerste gezicht is hier haast niets en moet je keihard werken om ook maar iets van de grond te krijgen; zo'n plek waarvan je weet dat je er gillend gek zou kunnen worden als je niets *doet*. Maar waar te beginnen in een land van armoede en ongelijke kansen? Joseph en zijn vrouw hebben slechts twee geiten; het leven is overleven. Het lijkt zinloos, dit uitzichtloze bestaan. Op een dag horen ze dat er een Umojaproject in het dorp is gestart. *Umoja* betekent *samen* – de bedoeling is dat je jouw dromen samen met anderen gaat vormgeven. Joyce Mary stuurt Joseph erheen en na een aantal bijeenkomsten komt Joseph bij zijn vrouw en vraagt haar of hij een van hun geiten mag verkopen: hij wil een sinaasappelplantage beginnen. Joyce Mary lacht hem uit – ze komen al amper rond en waarom zou ze haar man vertrouwen met geld? Zo'n grote droom voor een man die niets uitvreet in zijn leven. Nee dus, die geit wordt niet verkocht. *Hij slaat haar niet.* Een paar weken later vraagt hij het weer. Ze zegt weer nee, maar *hij slaat haar niet.* Hij laat het even betijen en komt er dan weer op terug. Ze zegt weer nee. *Hij slaat haar niet.* Dat begint ze zo langzamerhand erg opvallend te vinden, want ze is gewend dat haar man haar slaat – waarom is hij daarmee opgehouden? Zou ze …?
Joseph heeft een zaadje bij haar geplant en geeft het rustig

water. Dat komt omdat er op de bijeenkomsten in het dorp iemand anders een zaadje bij hem heeft geplant. Het is nog maar heel klein, het lijkt onmogelijk, maar hij besluit het een kans te geven. Hij beoordeelt de dag naar wat hij zaait in plaats van wat hij oogst. Zaad moet je niet de grond inslaan, dat moet je met liefde en aandacht vertroetelen.

Uiteindelijk gaat Joyce Mary overstag: ze verkopen een van hun kostbare geiten en daarvan koopt Joseph zaden voor sinaasappelbomen. Hij stopt ze in de grond en het duurt drie jaar (!) voordat de eerste bomen wat opleveren. Drie jaar lang leven van één geit!

Laat dat even bezinken: hoe zouden deze drie jaar voor hen geweest zijn? Wat zouden ze gedacht en gevoeld hebben in deze drie jaar?

Ze geven hun zaden water; elke keer opnieuw. Ze bidden, hopen en verwachten en dan gaat het rollen: er komen meer bomen, er komt meer vrucht. Op het moment waarop ik Joseph en Joyce Mary ontmoet, runnen ze een plantage van zevenhonderd bomen en zijn er nog zeshonderd bomen in aanplant. Er is een coöperatie gestart, Joseph doneert een gedeelte van zijn sinaasappels aan de kerk en ze zorgen voor weeskinderen uit de gemeenschap. Zijn voorbeeld stimuleert ook anderen om aan de slag te gaan met hun eigen resources. Samen slaan ze nu de handen ineen om deze successen op microniveau ook op macroniveau te bevechten, bijvoorbeeld door samen te gaan voor de aanleg van een weg of verbetering van de school. Dit alles gebeurde in een tijdspanne van twintig jaar en het ging van start met het planten van één zaadje in het hart van een man.

Veerkracht en tegenwicht

Wanneer ik de sinaasappels op mijn bureaublad bekijk, zie ik tijd, crisis, kansen, geduld en volharding. Deze vruchten vertellen me een verhaal van veerkracht en tegenwicht. Joseph was lange tijd een man zonder enig toekomstperspectief. Wanneer je keek naar zijn uiterlijke omstandigheden, hield het niet over. Dorre grond, een miserabel huwelijk. Maar er was iemand die bij Joseph naar binnen durfde te kijken en durfde te zaaien. Als eerste was dat zijn eigen vrouw, die hij nota bene ook nog slecht behandelde. Ze verklaarde hem niet dood of opgegeven, maar stuurde hem op pad, verlangend naar meer kansen voor hem en voor hun huwelijk. Ze toonde daarmee veerkracht; dat is het vermogen om je aan te passen aan stress en tegenslag en daar zelfs sterker uit te komen. Veerkracht gaat niet alleen over 'terugveren' naar je oorspronkelijke positie, maar ook om doorgroeivermogen.

De wereld zal in tijden van een crisis mensen met veerkracht nodig hebben. Dat zijn mensen die niet zozeer op zoek zijn naar *evenwicht*, maar die handelen vanuit *tegenwicht*.

Evenwicht gaat over balans vinden. Wanneer je in je leven zoekt naar balans, kijk je vooral naar de uiterlijke omstandigheden: tegenover een tegenvaller moet een meevaller staan – anders houd je het niet vol. Heb je maanden niet quitte gedraaid, dan moet je keihard werken om dat op te vangen. Je wilt terug naar het oude – dat lijkt het hoogst haalbare doel. KLM hoopte na de coronacrisis in vier jaar weer terug te zijn op de oorspronkelijke positie. Veerkracht is meer dan dat. Veerkracht betekent dat je geloof hebt in je grond en product en dat je in staat bent vanuit je waarden nieuwe of andere groei te verwachten. Je waarden zijn het tegenwicht voor de crisis die je overkomt. Tegenwicht is het vermogen je verlangen te zaaien en te laten wortelen. In plaats van de omstandigheden bovengronds te beoordelen, ben je bereid om een laag dieper te graven en van daaruit leven te verwachten – misschien wel op geheel nieuwe manieren! Zaaien is een moedige daad, want je verwacht dingen die er eerder nog niet waren.

Tegenwicht is het vermogen je verlangen te zaaien en te laten wortelen.

Weerstand

Beoordeel de dag naar wat je zaait in plaats van wat je oogst – en ontdek wat daaruit kan voortkomen.

Wanneer ik deze uitspraak presenteer als een belangrijke rustles aan ondernemers, bedrijven en werkenden, ontmoet ik steevast weerstand. Een bedrijf moet zich toch juist richten op resultaat wil het iets voor elkaar krijgen? En als werknemer moet je ook bepaalde doelen halen wil je zeker blijven van je baan en positie.

Zoals je in het verhaal van Joseph ziet, had ook hij een doel. Hij wist waar hij naartoe wilde en maakte daar stappenplannen voor. Stappenplannen helpen ons om dromen concreet te maken, maar wanneer de houding van Joseph alleen maar gericht geweest was op de oogst en zichtbare resultaten, had hij het dan volgehouden?

De zinsnede 'Beoordeel de dag naar wat je zaait in plaats van wat je oogst' komt oorspronkelijk van Robert Stevenson. Hij was een Schots schrijver en avonturier die werd geboren met een zwakke gezondheid. Hij begon als ingenieur en deed een rechtenstudie, maar eindigde in zijn leven als plantagehouder. Op 44-jarige leeftijd overleed hij aan een hersenbloeding, maar hij had een leven vol avontuur geleid – daar waar hij werkelijk warm voor liep. Hij staat bekend om zijn romans, gedichten, toneelstukken en reisverhalen. Met zijn werk beïnvloedde hij onder andere Ernest Miller Hemingway die in 1954 de Nobelprijs voor de Literatuur ontving. Over zaaien en oogsten gesproken.

Ik ontdekte de uitspraak van Stevenson voor het eerst toen ik met een non van de Onze Lieve Vrouwe ter Nood in Tilburg sprak. Deze zuster had deze spreuk tot een van haar belangrijkste leefregels gemaakt. Als non was ze haar hele leven al naar diverse plekken ter wereld uitgezonden en elke keer moest ze op een nieuwe plek iets opbouwen; ze zag nooit de vrucht van haar werk. Ze besloot het zaaien van liefde als een van de belangrijkste taken van de dag te nemen. Daarbij citeerde ze uit de Bijbel waarin wordt opgeroepen om veel te zaaien in je leven. De mens ontvangt het zaad en mag dat zaaien, de oogst is aan God en daar mag je je over verwonderen.[28] Ik werd geraakt door de lichtheid en veerkracht van deze vrouw, die al in heel wat oorlogsgebieden had gewerkt. Vanaf dat moment besloot ik deze leefregel in mijn eigen leven toe te passen – met de sinaasappels van Joseph uit het begin van dit hoofdstuk als lichtend voorbeeld op mijn bureaublad. Midden in de tijd van corona, toen al mijn opdrachten wegvielen, kreeg de zinsnede een nog diepere betekenis voor mij. Kon ik gewoon rustig blijven 'zaaien' of wilde ik het liefst aan de rijst trekken om hem te laten groeien, zoals een Chinees spreekwoord zegt? Hoe bleef ik midden in deze crisis mijn land goed bewerken? Wanneer Joseph aan de 'rijst' had getrokken, was er waarschijnlijk weinig van de grond gekomen. Aan de rijst trekken maakt een mens bovendien niet gelukkiger. Wanneer je dit de hele tijd doet ontstaat er geen natuurlijke groei, maar gaat het om de macht van de sterkste. Degene die het hardst 'trekt' staat aan de top en concurreert alle anderen uit de markt kapot. Kijk maar eens naar taxibedrijf Uber: ze komen de markt op met superlage prijzen, buiten hun werknemers uit en weten ondanks hun verliezen een steeds grotere plaats op de arbeidsmarkt te veroveren. Dit komt omdat een aantal durfkapitalisten grote sommen geld steekt in een bedrijf waar het niet gaat om het wortelen en duurzaam groeien, maar om geld en grootte – net zoals het er op veel rijstvelden aan toegaat. Door onze grote vraag naar goedkope rijst, wordt er bijvoorbeeld in Thailand geproduceerd tot het maximum en wordt de prijs steeds lager. Arme boeren werken dag aan dag in de snikhete zon om het brood op tafel te krijgen, jongeren hebben daar geen perspectief en veel meisjes van het platteland worden de seksindustrie in de stad ingelokt.[29] Veel willen oogsten voor weinig geld heeft een prijs en die wordt meestal niet door de consument betaald.

Wanneer jij de rijst beoordeelt op de prijs waarvoor hij in de supermarkt staat, beoordeel je de dag naar wat er is geoogst. Hoe lager de prijs, hoe meer er is geoogst – zelfs in je boodschappenkeuzes kun je oefenen met een andere mentaliteit.

Zaaien en oogsten goed combineren

Heb jij vooral een zaai- of een oogstmentaliteit? Het is niet de bedoeling om deze levenshoudingen tegenover elkaar te zetten; de kunst is om ze goed te combineren. Toen ik aan mijn eigen onderneming begon, was ik vooral bezig met zaaien. Na een burn-out had ik diep vanbinnen ontdekt wat stilte mij in mijn leven had gebracht en voelde ik de behoefte om ervan uit te delen. Ik genoot van het feit dat mijn boeken en lezingen vruchtbare grond vonden; mijn passie bloeide op en mijn netwerk breidde zich uit. Maar al gauw ontdekte ik dat ik als ondernemer nog heel wat had te leren. Een zaaimentaliteit is leuk, maar als je het grotere plaatje niet scherp hebt, kun je jezelf helemaal leeggeven. Je strooit je 'zaad' maar wat in het rond. Wat wilde ik eigenlijk bereiken, en wat had ik onder aan de streep financieel nodig om van rond te komen?

Een zaaimentaliteit is leuk, maar als je het grotere plaatje niet scherp hebt, kun je jezelf helemaal leeggeven.

Ik had nog wat te leren over het oogsten en liet me adviseren; er ontstond een ondernemersplan en dat bood me enorm veel houvast – ik zou het iedere ondernemer aanraden er een te maken. Oogsten na zaaien is goed; het hoort bij gezond ondernemerschap om te ontdekken hoe jouw inspanningen opbrengst kunnen geven; niet alleen voor jezelf, maar ook voor anderen. Eerlijk gezegd beviel dat oogsten mij wel, maar al heel gauw schoot ik in de prestatiemodus. Het is een uitdaging om je doelen te kunnen halen en voor je het weet, wordt dat een doel op zich. Al gauw ontdekte ik een druk op mijn borst. Ook beleefde ik veel minder vreugde aan mijn werk – de opbrengst leek belangrijker dan de reden waarom ik was begonnen met mijn onderneming. Tegelijkertijd had de oogstmentaliteit mij wel veel gebracht, zoals een duidelijk kader en middelen om het grotere plaatje mogelijk te maken. Het was in die periode dat ik besloot aan het einde van de dag op te schrijven wat ik had mogen zaaien. Dat waren vaak hele kleine zaadjes. Een gesprek met iemand, een paar woorden voor een blog dat in mijn hoofd zat, een wandeling om zelf te landen, spelen met mijn kinderen. Niet de grote dingen, maar de kleine zaadjes bleken essentieel. Ik ontdekte hierdoor waar ik echt blij van werd en waar ik behoefte aan had. Doordat ik meer over mijn eigen behoeftes leerde en er aandacht aan gaf, had ik ook meer ruimte voor de behoeftes van anderen en kon ik hen beter helpen – in de tijd van corona kwamen er zelfs een aantal zeer goedlopende initiatieven uit voort! De passie en het plezier kwamen terug in mijn werk. Dit kwam onder andere doordat ik weer meer rust durfde te nemen; ik wilde de rijst niet uit de grond trekken maar aandacht kunnen schenken aan het kleine en dat kost nu eenmaal tijd. Net zoals sommige boeren hun grond proeven om te kijken wat de behoefte van de grond is, zo leerde ik mijn eigen grond en die van anderen 'proeven'. Dat betekende dat ik soms mijn doelen moest bijstellen: in een jaar waarin er veel rouw in mijn leven was, ben ik een paar maanden veel minder gaan werken

---

Wanneer je vastzit in de houding van oogsten, is rusten vaak geen optie. Er valt namelijk altijd meer te oogsten.

---

om daar aandacht aan te besteden, anders zou ik opgebrand raken. Wanneer ik enkel en alleen had geleefd vanuit de oogsthouding had ik dat nooit aangedurfd, want wanneer je vastzit in de houding van oogsten, is rusten vaak geen optie.

Er valt namelijk altijd meer te oogsten en je laat de opbrengst toch niet zomaar op je land staan of aan je voorbijgaan? Toch nam ik rust en op wonderlijke wijze was de oogst dat jaar veel groter dan ik had verwacht! Niet omdat ik zelf zo hard had gewerkt, maar omdat de 'buurman' mij kwam helpen. Een collega zag dat ik het moeilijk had en zij kwam haar hulp aanbieden; dat bracht een bijzondere verbinding die er niet was geweest als ik koste wat het kost mijn eigen oogst had willen binnenhalen. We deelden de opbrengst. Niet langer ieder voor zich, maar samen het land bewerken. Het kleine op waarde schatten en verwonderd kijken naar wat dit opbrengt. Wanneer ik terugkijk naar mijn werkende leven, zitten dáár de hoogtepunten en de diepe verzadiging.

Wat bracht jou vandaag diepe verzadiging?

We denken dat we meer verzadigd raken, wanneer we meer en meer oogsten, maar het blijkt tegenovergesteld te werken. Hoe meer we oogsten, hoe minder tevreden we lijken – we willen zelfs nóg meer. De econoom John Maynard Keynes voorspelde in 1930 dat we in 2021 een 15-urige werkweek zouden hebben en enorm veel vrije tijd. Volgens Erik Barnauw zouden we die vrije tijd vullen met hobby's en ons gezinsleven, zo schreef hij in 1957 in *The New York Times*.[30] Kijk eens om je heen; klopt dat? Inderdaad wordt er in sommige landen minder gewerkt dan vroeger, maar in de Verenigde Staten werken hoogopgeleiden juist meer dan ooit. De Amerikaanse elite, waar we ons toch vaak mee vergelijken, zijn inmiddels de grootste workaholics ter wereld.[31] Ze werken meer uren dan de armere mensen in de VS, een enorme verschuiving in de economische geschiedenis, want vroeger zwoegden de armen

Hoe meer we oogsten, hoe minder tevreden we lijken – we willen zelfs nóg meer.

meer. De elite gebruikt haar rijkdom niet om te genieten van hun vrije tijd met hun gezinsleden, maar om nog meer werk op zich te nemen! Waardoor zou dat komen?
Een uitspraak van de Belgische pater Daneels vind ik treffend: *een mens is zo angstig als alles waaraan hij gehecht is.* Hoe meer je oogst, hoe meer je bezit. Hoe meer bezittingen je kunt verliezen, hoe meer je je best gaat doen om die veilig te stellen. Daarnaast is werken ook gewoon heel leuk; hoe meer succes, hoe meer dopamine. Geen wonder dat werken en leven vanuit een oogstmentaliteit zo aantrekkelijk is!
Dit speelt niet alleen bij kleine ondernemers. Bij de diverse grote organisaties waar ik mocht meekijken, raken medewerkers opgebrand omdat de focus op oogsten ligt. Er wordt gecoacht op cijfers, niet op competenties en behoeftes, waardoor mensen gaan werken vanuit een gevoel van tekort, wat haast en onrust oplevert.
Neem Sandra; een gedreven goedlachse vrouw die altijd net een stapje meer zet dan van haar wordt gevraagd. Ze werkt al jarenlang op een HR-afdeling en is een betrouwbare ervaren kracht. Om haar heen verschijnen en verdwijnen er collega's maar zij blijft staan. Haar werkgever is blij met haar, maar de laatste paar jaren zegt hij dat niet meer hardop. Hij is vooral bezig met het blussen van brandjes omdat er werknemers uitvallen en de resultaten toch wel hetzelfde moeten blijven. Tijdens de laatste teamvergadering werd iedereen op het hart gedrukt om te bezuinigen en meer winst te maken. De nadruk ligt op het resultaat. Sandra is een nuchtere vrouw, echt niet voor een kleintje vervaard, maar ze merkt dat ze de laatste tijd wat cynisch wordt – en dat past eigenlijk helemaal niet bij haar, vertelt ze mij. Vroeger zat ze in haar avonduren wel eens voor haar plezier wat precaire kwesties voor haar werk uit te pluizen, maar daar heeft ze momenteel geen zin meer in. De baas lijkt alleen maar te gaan voor het grote geld en is bang voor het mislukken van de 'oogst'. Maar ziet hij haar nog wel staan? Dat extra envelopje met een cadeaubon van

vijftig euro was leuk afgelopen Kerst, maar het voelde als een plens water op dorre grond. Ze had het nooit gedacht, maar inmiddels kijkt Sandra om zich heen naar andere banen. Een gesprek met haar leidinggevende heeft namelijk niet veel verlichting gebracht – ze ziet aan hem dat hij haar vraag eigenlijk maar onzin vindt; er staan belangrijker zaken op het programma – het bedrijf kan niet achterblijven in de cijfers.

Ook in het klein werkt het zo. Tijdens de coronacrisis moest binnen één week het thuisonderwijs voor kinderen worden opgezet, anders zouden ze achterlopen. Stel je voor dat ze hun kennis niet konden bijhouden, of zelfs zouden verliezen? Op de middelbare school van mijn oudste gingen ze voortvarend te werk; mijn dochter zat dagen aaneen te blokken – ze moesten 'bijblijven'. Maar waar lag haar werkelijke behoefte in deze tijd? Een aantal van haar vriendinnen mailde naar de leerkracht of een opdracht iets later ingeleverd mocht worden, maar nee; voor 00.00 uur 's nachts moest het werkstuk volgens de lerares ingeleverd worden. Mijn dochter zat om 23.00 uur nog achter haar bureau – en naar mij luisterde ze al niet meer. Ze wilde de school niet teleurstellen. Van andere ouders hoorde ik soortgelijke verhalen. Sommigen sloten het huiswerk zelfs op in de kast omdat zij zagen waar de werkelijke behoefte van het kind lag: even voor zich uit staren om te verwerken dat alles opeens zo anders was. Maar daar hadden we als samenleving geen tijd voor. Alles moest zo snel mogelijk weer op de rit. Wat geven we onze kinderen daarmee voor boodschap? Wij als ouders ontvingen een brief over zomerscholen die zouden moeten voorkomen dat ons kind achterliep. Maar wat is dat, achterlopen? Waarom gebruiken we zulke taal? Het kan heel fijn zijn als een kwetsbaar kind een zomerschool kan volgen – maar hoe groot is de druk en met welke argumentatie volg je zo'n school?

Wanneer je kijkt naar organisaties is het natuurlijk belangrijk gezonde cijfers te draaien. Maar wanneer je daarvoor aan de rijst moet trekken, is het goed eerst terug te keren naar je grond. Besef dat jouw grond je 'goud' is in plaats van je steeds terugkerende oogst. Werknemers voelen het haarfijn aan wanneer jij daar anders over denkt! In het geval van Sandra voelde zij zich steeds meer het poppetje dat winst moest draaien, in plaats van de waardevolle werknemer die met hart en ziel haar werk deed. Het gaat om je intrinsieke houding. Ligt jouw focus op gezond zaaien of focus je op oogsten om het oogsten? Daar ligt een cruciaal verschil.

> **Besef dat jouw grond je 'goud' is in plaats van je steeds terugkerende oogst.**

Wat paarden je leren

Al een poosje volg ik *natural horsemanship;* dat betekent dat je leert paardrijden op een natuurlijke manier. Eerst leer je je paard goed kennen voordat je op zijn rug gaat zitten en wanneer je vervolgens gaat rijden, begin je zonder zadel. Wist je dat je een paard kunt sturen met je adem en met je buik? Paarden zijn heel gevoelige dieren en met een simpele beweging of de manier waarop jij ademt kun je zijn grote lijf in beweging krijgen. Het was voor mij een nieuwe manier van leidinggeven aan iets wat groter is dan mijzelf en eerst lukte het me dan ook niet. De derde les werd me gevraagd om zonder woorden een paard in een ruime cirkel om mij heen te laten lopen; eerst stapvoets, daarna in draf en galop. Ik wapperde met mijn armen, begon steeds harder te praten en begreep opeens waarom mensen zweepjes gebruiken. Mijn frustratie werd steeds groter, terwijl Joe, de paarden-luisteraar, glimlachend naar mij stond te kijken. 'Doe je dit in je werk ook altijd zo?' vroeg hij. En toen ik elke keer weer mijn zelfde trucje herhaalde: 'En loop je dan ook steeds hetzelfde rondje, ook al weet je dat het niet werkt?'

'Ehm ...'

'Je zit in je hoofd,' verklaarde Joe. 'Je wilt te graag resultaat zien.'

En inderdaad; zodra ik resultaat wil zien, bestaat mijn lichaam uit hoofd. Ik was bezig met het bedenken van strategieën en oplossingen hoe ik de boel in beweging zou krijgen, maar het werkte averechts. Wat ik mocht leren is *voelen* en *loslaten*. De les daarop besloot ik dat alles mocht 'mislukken' en wilde ik vooral contact met het paard zelf. Voelen, ademen en er *zijn*.

'Je zit in je hoofd,' verklaarde Joe. 'Je wilt te graag resultaat zien.' En inderdaad; zodra ik resultaat wil zien, bestaat mijn lichaam uit hoofd.

Je raadt het al wie er uiteindelijk in draf rondjes om mij heen rende. Wat gaf dit een enorm plezier!
Het doet me denken aan een boerenzoon die mij vertelde hoe trots zijn vader was op zijn land. 'Op gezette tijden gingen we met mijn vader *boerken* – wanneer er bezoek was, nam hij ons mee naar buiten en trokken we van veld naar veld. Dan vertelde hij glimmend over de kracht van zijn grond. Hij was bereid zich in te zetten om dit land tot bloei te brengen – hoe het er ook bijlag.'
In hoeverre doe jij aan *boerken?* Ben je vooral trots op je oogst, of ook op je land? Je kunt dit *boerken* doortrekken naar alle facetten in je leven. Ben je op je werk alleen trots op de behaalde resultaten en producten, of ben je vooral trots op je team? Ben jij blij met wat je kinderen presteren of ben je vooral blij met je kinderen zelf? Ben je pas blij met je huis wanneer het helemaal op orde is, of kun je ook genieten van een huis dat nog niet klaar is – en zie je de mogelijkheden? Ben je blij met je succesvolle vrienden of ben je gewoon blij met wie ze zijn? En hoe ga je om met mensen die niet succesvol zijn? Kun je hen ook waarderen, simpelweg omdat ze mens zijn en ook zij een stuk grond hebben gekregen om te bewerken en van te leven? Beoordeel je hen op hun oogst of op de mogelijkheden die ze hebben vanuit hun grond?

De randen van je akker

Allereerst is de focus op ontspannen zaaien het waard om te leren. Maar er is meer. Wanneer je vervolgens gaat oogsten, kun je die ontspannen houding doorvoeren: je hoeft niet alles bijeen te graaien wat er te pakken valt. In de *Thora* kregen de Joden een bijzondere opdracht mee. Aan de randen van hun akker moesten ze de oogst laten staan voor de armen en vreemdelingen.[32] Een gedeelte van hun land zaaiden ze dus in voor de mensen die zelf niet konden zaaien! Het was niet de bedoeling dat je de randen van je akker nog eens zou nalopen om alles wat je maar te pakken kon krijgen binnen te halen – aan het beloofde land zat een grens. Laat ook maar eens wat liggen voor een ander die arm is en geen eigen land heeft en vang iemand op binnen jouw grenzen. Wat mij het meest raakt aan het vervolg van dit verhaal, is dat de geschiedenis van het Joodse volk zich vervolgens voltrekt vanuit deze randen van de akker. Want boer Boaz die deze opdracht opvolgt, komt op deze manier in aanraking met de vluchtelinge en weduwe Ruth die aren komt rapen op de akkerrand en er ontspint zich een liefdesgeschiedenis, waaruit een kind voorkomt. Dit kind is uiteindelijk de voorouder van de bekende Jezus. Het is een verhaal dat ik steeds weer met een glimlach lees. Hoe vaak ben ik in mijn eigen leven bezig met het binnenhalen van de oogst terwijl het echte leven zich ontvouwt aan de randen van mijn akker; daar waar ik vanuit rust en loslaten dingen zie gebeuren die ik zelf niet had voorzien? Dat betekent niet dat je helemaal geen akker hoeft te bewerken en onderhouden, maar wel dat je de rafelranden als volwaardig onderdeel van je leven kunt zien.

Kijk hiernaast eens welke mentaliteit jij herkent in je manier van werken. Hoe kun je met deze twee 'spelen', zonder ze tegen elkaar uit te spelen? Experimenteer er eens mee en ontdek wat jou op de lange termijn meer rust en innerlijk tegenwicht oplevert. Als mens kun je tegenwicht bieden aan de waan van de dag. Iemand die leeft vanuit innerlijk *tegenwicht*, is als een boom, diepgeworteld vanuit zijn kiemkracht en verlangen. Hoogte- en dieptepunten zijn er wel, maar hij kan blijven staan omdat hij geworteld is. Hij draagt vrucht op zijn tijd. Dat is het leven waarvoor je bent bedoeld.

Zaaimentaliteit	Oogstmentaliteit
Gericht op kiemkracht diep vanbinnen.	Gericht op bovengrondse bloei.
Goed verzorgen van je middelen en zaden, maar je kunt ook te veel of te weinig zaaien.	Je middelen soms uitputten voor de groei en bloei.
Gericht op voeden, licht, lucht en worteling, Gericht op wat je mag zaaien, op wat je al hebt.	Gericht op bloei en presteren, op wat nog moet komen.
Proeft de grond voor duurzame groei.	Telt de oogst van de dag.
Kan zich verwonderen over de oogst, viert dankbare oogstfeesten.	Verwachtte de oogst al, is in gedachten alweer bij de volgende oogst.
Zorgt voor het land waarin gezaaid wordt.	Is gericht op wat het land hem te geven heeft.

Proef je grond

In dit hoofdstuk wil ik je uitdagen om je eigen behoeftes te leren kennen – je grond te proeven waarin jij gaat zaaien. Met die behoefte in je achterhoofd, blader en lees je dit boek. Je pikt eruit wat je raakt, vooral niet alles tegelijkertijd. Kies een of meerdere leefregels om mee te oefenen die aansluiten op of schuren met jouw diepe behoefte; dan heb je er het meeste aan. En ga niet voor de quick fix, de oogst van morgen maar gun jezelf een reis naar binnen. Door te denken in behoeftes,

schenk je aandacht aan jouw grond. Zie ook onderstaand voorbeeld van Ramon.
Soms lijkt denken in behoeftes ingewikkeld. We zijn zo gewend om te denken in problemen, oordelen, oplossingen en strategieën dat het een verandering kost om te leren voelen in behoeftes in plaats van te denken in oplossingen. Vul in het onderstaande verhaal eens je eigen naam en situatie in.

De gebeurtenis:
Ramon werkt veel. 's Avonds valt hij vaak op de bank in slaap. Hij heeft weinig aandacht voor zijn omgeving en komt gejaagd over.

De emotie hierbij:
Ramon voelt zich afgemat, somber, geprikkeld en rusteloos.

Zijn oordeel en interpretatie hierbij:
Ik doe er niet toe. Ik werk zo hard en niemand ziet mij. Wat ik doe wordt ook niet gewaardeerd.

De oplossing van Ramon:
Ik moet nog harder werken en wil een trede omhoog op de ladder; zo kan ik in minder tijd meer mensen aansturen en houd ik vrije tijd over. Ik moet nu nog wel even twee jaar doorknallen om daar te komen, maar dan heb ik eindelijk rust en zien mensen mij staan.

Er is een vicieuze cirkel gaande:

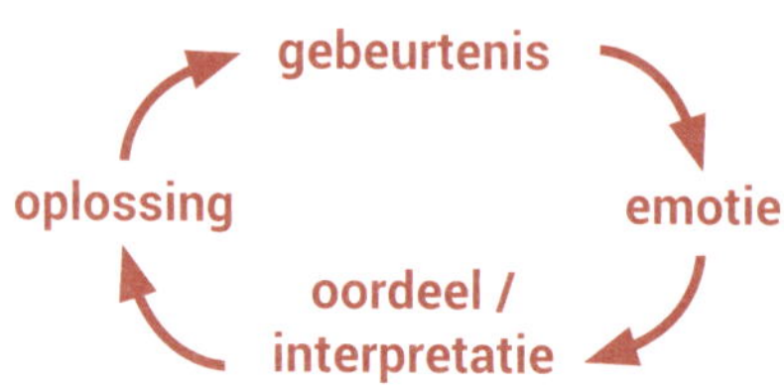

Wat zou er gebeuren als Ramon eens in een andere cirkel zou stappen?

De gebeurtenis:
Ramon werkt veel. 's Avonds valt hij vaak op de bank in slaap. Hij heeft weinig aandacht voor zijn omgeving en komt gejaagd over.

De emotie hierbij:
Ramon voelt zich afgemat, somber, geprikkeld en rusteloos.

De behoefte van Ramon:
Ramon blijft wat langer bij zijn gevoel en ontdekt welke onvervulde behoeftes hij heeft. Hij ontdekt de behoefte aan:

- Acceptatie
- Waardering
- Erbij horen
- Vieren van het leven
- Ruimte

Een verzoek doen – vanuit je behoefte:
Ramon komt erachter dat hij een aantal vitale behoeftes al langer niet heeft gehonoreerd. Hij wil het leven vieren en erbij horen, dus besluit hij de etentjes met zijn vrienden in ere te herstellen. Ook legt hij zijn behoeftes open en eerlijk bij zijn leidinggevende neer. Hoe zou die hem hierbij kunnen helpen. Het levert een verrassend gesprek op – met waardering en acceptatie van beide kanten.

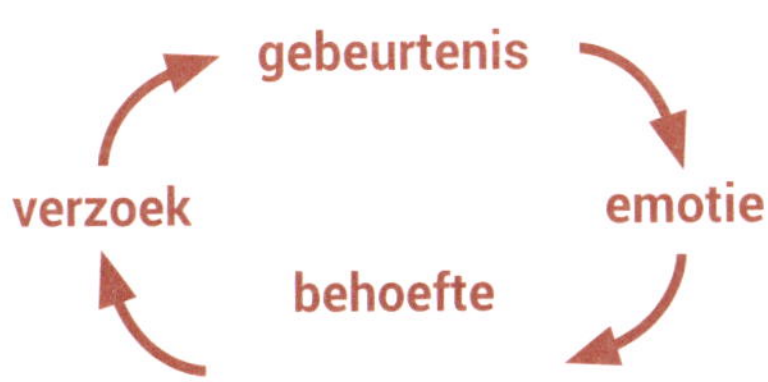

ONTHAASTING

✓ Ontdek je behoefte. Vul jouw verhaal hieronder in – begin met het beschrijven van de gebeurtenis waar je naar wilt kijken.

Leven vanuit probleemoplossing	**Leven vanuit behoeftes**
Wat is de gebeurtenis?	Wat is de gebeurtenis?
Welk oordeel of welke interpretatie heb ik daarbij?	Welke emoties neem ik daarbij waar?
Wat is de oplossing die ik daarvoor zie?	Wat is de onderliggende behoefte die ik daarbij ontdek?
Hoe los ik mijn probleem op?	Hoe kan ik een open verzoek naar de ander of mijzelf doen vanuit de behoefte?

✓ Schrijf aan het eind van de elke dag drie dingen op die jij mocht zaaien. Is dit ook wat je wilt zaaien?

✓ Wanneer oogstte jij iets onverwachts? Kun je terughalen wat je daar ooit voor gezaaid hebt?

HOOFDSTUK 3

WEES ONBEREIKBAAR OM BESCHIKBAAR TE ZIJN

Hoe waardeer, besteed en bewaak jij het 'goud' van jouw aandacht?

WEES ONBEREIKBAAR OM **BESCHIKBAAR** TE ZIJN

Wanneer je mij tijdens mijn afwezigheid mailt, zou het zomaar kunnen dat je deze reactie terugkrijgt: *Wie altijd maar bereikbaar is, wordt uiteindelijk onbereikbaar. Ik ben er niet. Jij wel. Succes: je kunt het!* Mijn afwezigheidsmelder heeft al voor heel diverse reacties gezorgd maar deze zal ik niet gauw vergeten: 'Ik was woedend toen ik deze mail kreeg,' schreef een directrice. 'Ik ben er niet? Hoe kan het dat iemand als jij het lef heeft om afwezig te zijn? Een ondernemer is niet afwezig, nooit!' Met een grijns las ik verder – het begint vaak interessant te worden als mensen boos worden. Ze ging verder: 'Na een dag vol verwijten dacht ik bij mezelf: als zij dit kan maken, kan ik het ook. Ik heb de tekst van je mail dus uitgeprint en op mijn kantoordeur geplakt. En ongelofelijk: het werkte! Ik heb de hele dag ongestoord kunnen doen wat ik wilde. Ik voelde me zo voldaan. Ja, ik wil dus in training en vast bedankt voor de eerste les.'
Mocht je nou denken dat dit in jouw situatie echt onmogelijk is, kijk dan de kunst eens af bij generaal en politicus Eisenhower, die van 1953 tot 1961 president van de Verenigde Staten was en tijdens de Tweede Wereldoorlog Opperbevelhebber van de geallieerde strijdkrachten in Europa. Ook al had hij functies met een grote verantwoordelijkheid, toch nam hij tijdens de Tweede Wereldoorlog regelmatig een time-out in zijn Telegraph Cottage. In zijn dagboekfragmenten lezen we dat de cottage 'klein en pretentieloos' was en in een natuurlijke omgeving lag. Wanneer Eisenhower daar verbleef, mocht hij niet gestoord worden; hij was onbereikbaar. Op die manier bleef zijn geest helder. Om beschikbaar te kunnen zijn voor het goede – een oorlog winnen – was onbereikbaarheid noodzakelijk.

In de hoofdstad Harare in Zimbabwe weet bisschop Ancelimo Magaya daar ook alles van. Hij heeft de droom om zijn land corruptievrij te krijgen. Als kleine jongen was hij al geraakt door de onrechtvaardigheid in zijn land en hij besloot rechtvaardigheid tot speerpunt van zijn beschikbaarheid te maken. 'Als ik beschikbaar ben voor rechtvaardigheid, zal vrede vanzelf volgen,' is zijn stellige overtuiging. In Zimbabwe is ongeveer 80 procent van de bevolking christen en velen gaan naar een kerk. Ancelimo besloot dat de kerk een belangrijke rol kan spelen in het uitdragen van rechtvaardigheid. Hij richtte een organisatie op die mensen ambassadeurs van vrede maakt. Ze organiseren vreedzame protestmarsen, roepen politici ter verantwoording en roepen op tot transparante stemcampagnes. De beweging is zo succesvol dat bisschop Ancelimo al een aantal keer gevangen is gezet. Gevangenzitten in Zimbabwe is geen pretje, zo vertelt hij. 'Misbruik, intimidatie, slechte hygiënische omstandigheden in koude cellen met vieze dekens of helemaal geen dekens. Ook komt het soms voor dat er mensen uit de organisatie verdwijnen; opeens zijn ze spoorloos. Er gaan verhalen van medebroeders die met zoutzuur overgoten zijn. Daarnaast zijn er nog andere uitdagingen. De bisschop heeft een gezin met drie kinderen die niet blij zijn dat hun vader zulk gevaarlijk werk doet. Nu ze wat ouder worden, beginnen ze het langzaam te begrijpen. Hun vader moet met uiterste zorgvuldigheid in zijn organisatie te werk gaan want het gebeurt niet zelden dat er spionnen van de geheime dienst infiltreren. 'Het voordeel is dat we continu worden uitgedaagd om alles op de vreedzame manier te doen, het nadeel is dat we elk woord op een goudschaaltje moeten wegen.' Mocht je denken dat dit toch wel genoeg uitdagingen zijn, dan is het goed om te weten dat de bisschop blind is! Overal waar hij gaat, wordt hij ondersteund door zijn vrouw. Ruim dertig jaar geleden ontmoetten ze elkaar op een jongerenbijeenkomst en na een periode van vriendschap sloeg de vonk over. Zij ondersteunt hem volledig en moedigt hem aan in zijn 'roeping' om rechtvaardigheid te brengen. Bisschop Ancelimo heeft genoeg te verliezen en toch is hij zijn hele leven al beschikbaar voor dit ene: rechtvaardigheid.

Wanneer ik hem ontmoet, vergeet ik al heel gauw dat hij blind is. De bisschop combineert humor, ernst en vastberadenheid op zo'n manier dat je je meteen bij hem thuis voelt. Meer nog: wanneer ik hem spreek, steekt hij mij meteen aan met zijn enthousiasme. Zelden ontmoette ik zo'n sprankelend figuur met zo'n vaste geest. Zelf zegt hij daarover:

What's worse than being blind?
To have sight without a vision.

Hoe kan hij onder zoveel stress toch zo'n opgewekt mens blijven met een rustige geest? Wat is zijn geheim? Daarover is Ancelimo duidelijk: 'Natuurlijk zou ik ook vaak een comfortabel leven willen leiden, zonder deze gevaren. Mijn beschikbaarheid voor het goede komt niet van mezelf, maar van boven. Wanneer je niet in God gelooft, zou je dit je "innerlijke stem" kunnen noemen. Veel mensen zijn daar niet meer beschikbaar voor. Ze laten zich afleiden door hun angst en leiden daardoor een middelmatig leven. Van jongs af aan ben ik mij bewust geweest van mijn innerlijke stem om een nieuwe realiteit in mijn land te creëren. Wat ik daarvoor nodig heb is een dagelijks retraitemoment – *a daily retreat*.

De essentie van ons mensen is onze geest, onze spirit. Zorg dat je daarnaar terugkeert, elke keer weer. Leer te luisteren naar die kleine stille stem. Het is een schat die je moet bewaken.

Elke ochtend mediteer ik en lees ik uit de Bijbel. Daarna schrijf ik mijn gedachten op; inmiddels heb ik al meer dan driehonderd dagboeken volgeschreven. Op dat moment ben ik beschikbaar voor die innerlijke zachte stem en schrijvenderwijs word ik aangemoedigd. Wanneer ik in lastige tijden zit – en die zijn er voldoende! – herlees ik mijn dagboeken. De woorden die ik mocht ontvangen in tijden van rust, zijn een voorraad voor de tijden vol onrust. Wanneer ik rust en werk niet zou afwisselen, had ik dit werk niet kunnen volhouden. De essentie van ons mensen is onze geest, onze *spirit.* Zorg dat je daarnaar terugkeert, elke keer weer. Leer te luisteren naar die kleine stille stem. Offer je geweten niet op aan de drukke of gevaarlijke maatschappij. Het is een schat die je moet bewaken. Hiertoe ben je als mens geroepen.'

Kloostertradities

Bisschop Ancelimo laat zien dat je niet eerst je leven of omgeving op orde hoeft te hebben om toch de kunst van beschikbaarheid en onbereikbaarheid te beoefenen. Wat zijn verhaal ook duidelijk laat zien is dat je niet beschikbaar kunt zijn voor je medemens zonder dat je beschikbaar bent voor jezelf. Wanneer je er steeds voor een ander bent en niet voor jezelf leidt dat tot uitputting. Wil jij een doel vijf jaar dienen of vijftig jaar? Het is essentieel voor geest, ziel en lichaam om op te laden. Als je meer beschikbaar wilt zijn voor anderen en je 'gebied' wilt vergroten, zul je ook meer beschikbaar moeten zijn voor jezelf. Kloostervader Benedictus zegt dat zielsonderhoud geen franje is. Voeding en onderhoud van je eigen ziel gaan gelijk op met het vermogen om andere zielen te kunnen voeden. Een abt van een klooster moet dus ook regelmatig aan goed zielsonderhoud doen om scherp en fris te blijven.

Abt Manu, van de trappisten uit Westvleteren in België geeft zelfs aan dat te weinig zielsonderhoud je een onvrij mens maakt. 'Wanneer een mens niet goed voor zijn ziel zorgt, kan hij niet meer goed luisteren en geen relatie aangaan met de ander. Mijn broeders voelen feilloos aan wanneer ik geen ruimte heb in mijn ziel. Ze weten dat ze alles mogen zeggen, maar zien dan dat hun woorden niet bij mij aankomen. Ik heb dan mooi mijn agenda afgewerkt, maar ben onbereikbaar

geworden. Ik heb mijn taak naar behoren vervuld, maar ben een onvrij mens geworden.' Abt Manu vraagt ook wel eens aan zijn medebroeders: ervaren jullie mijn beschikbaarheid? Dat is een confronterende vraag, zou jij hem durven stellen aan mensen om je heen?
Vaak ben je een onvrij mens. Dan heb je je to-dolijst afgewerkt en heb je even ruimte, totdat nieuwe dingen zich opdringen. Of een aantal mensen vraagt om jouw beschikbaarheid. Vraag je aan het begin van de dag eens af: waarvoor of voor wie wil jij beschikbaar zijn? En keer daar een paar keer per dag naar terug.

Vraag je aan het begin van de dag eens af: waarvoor of voor wie wil jij beschikbaar zijn? En keer daar een paar keer per dag naar terug.

Wanneer je niet weet waarvoor je beschikbaar wilt zijn in het leven, is het interessant om jouw 'poolster' te ontdekken.[33] Dat is het punt waarop je drie levenszaken bij elkaar komen:

1. Wat doe je het liefste? Dit zijn je talenten. *Doe je missie.*
2. Waar beweeg je naartoe? Dit is jouw visie. *Droom je visie.*
3. Met welke waarden doe ik dat? *Leef je waarden.*

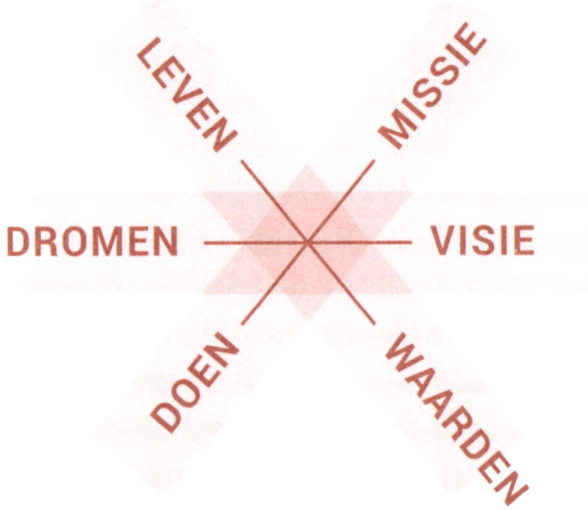

Wanneer je jouw tijd, energie en focus aan je poolster geeft, komen er dingen bij elkaar en geef je licht – groot of klein, dat maakt niet uit. Hoewel we als mens graag op deze manier van betekenis willen zijn, zijn velen er ook bang voor. Marianne Williamson verwoordt dat als volgt – deze tekst werd later ook door Nelson Mandela geciteerd:

Onze diepste angst is niet dat we ontoereikend zijn.
Onze diepste angst is dat we buitenmate krachtig zijn.
Het is ons licht, niet onze duisternis die ons het bangst maakt.
We vragen onszelf af: 'Wie ben ik om briljant, schitterend, getalenteerd en legendarisch te zijn?'

Zowaar, wie ben je om dat niet te zijn?
Je bent een kind van God. Jezelf klein maken dient de wereld niet.
Er is niets verlichts aan krimpen zodat andere mensen om je heen zich niet onzeker gaan voelen.
We zijn geboren om de glorie van God die in ons is tot uitdrukking te brengen.
Het licht is niet slechts in enkelen van ons aanwezig, maar in iedereen.
En als we ons eigen licht laten schitteren, geven we onbewust toestemming aan andere mensen om net zo te zijn.
Terwijl we bevrijd worden van onze angsten, bevrijdt onze aanwezigheid automatisch de anderen.[34]

Vaak zijn we bang om te stralen omdat dit onzekerheid oplevert. Het is alsof we een punt zetten op een schoon schoolbord en zeggen: hier ben ik. Dat grote bord staat voor alles wat een mens nog niet weet. Wanneer je je impact vergroot, wordt ook je stip groter. Dat houdt in dat de rand van de cirkel op veel meer plekken grenst aan wat je niet weet. Hoe meer je weet, hoe beter je weet dat je weinig weet. Onzekerheid hoort erbij als je je impact vergroot en je licht laat schijnen.

Onverdeeld een ding te willen

De negentiende-eeuwse Deense filosoof Sören Kierkegaard schreef een boek dat ik alleen al om de titel op mijn nachtkastje heb liggen. *Onverdeeld een ding te willen*, heet het.[35] Hij zet uiteen wat dit betekent. Want wil jij beschikbaar zijn – onverdeeld één ding willen – dan heeft dat een aantal consequenties.
Beschikbaarheid confronteert je namelijk met de zaken waarvoor jij *niet* beschikbaar kunt zijn. Het leert je dat jij als een mens niet alles kunt.

Kierkegaard stelt dat wil het voor een mens mogelijk zijn één ding te willen, hij het GOEDE moet willen.

Om waarachtig beschikbaar te willen zijn daarvoor, moet je ook WAARACHTIG het goede willen.

Om waarachtig het goede te willen, moet je bereid zijn AF TE ZIEN VAN VERDEELDHEID. Dat betekent dat je je moet willen focussen, zoals het voorbeeld van de poolster ook laat zien.

Je moet vervolgens alles voor het goede willen doen en alles voor het goede willen LIJDEN. Dat betekent dat jij als er zich een crisis aandient, blijft – en lijdt om het goede te volbrengen.

Beschikbaarheid is:

1. Je wilt het GOEDE
2. Je wilt WAARACHTIG het goede
3. Je wilt waarachtig het goede ZONDER VERDEELDHEID
4. Je wilt ALLES VOOR waarachtig het goede DOEN
5. Je wilt ALLES VOOR waarachtig het goede LIJDEN

Beantwoord nu nogmaals de vraag:

1. *Waarvoor wil jij beschikbaar zijn?*
2. *Wil je alle bovenstaande vijf punten hiervoor in praktijk brengen?*
3. *Wat heb je daarvoor nodig?*

Oefen je beschikbaarheid

Wanneer je meer wilt leren over beschikbaarheid, is de film *Les hommes et des dieux* een interessante om eens voor thuis te blijven. Deze Franse dramafilm uit 2010 onder regie van Xavier Beauvois is gebaseerd op een waargebeurd verhaal. De locatie is een klooster in Algerije waar acht Franse monniken wonen. Ze leven in harmonie samen met hun islamitische dorpelingen. Langzaamaan breekt het islamitisch terrorisme door in het gebied. De monniken zijn vastbesloten om in de streek te blijven; zij willen beschikbaar blijven voor dit gebied; dat doen ze hun hele leven al. Wanneer er gewonde terroristen aankloppen, wordt hun beschikbaarheid danig op de proef gesteld. Een voor een besluiten ze te blijven en het lijden in de ogen te zien – ze volgen hun missie, visie en waarden. Het loopt niet goed met ze af, net zoals in het waargebeurde verhaal: zeven monniken worden vermoord. Beschikbaarheid kan je alles kosten. Beschikbaarheid vraagt om nieuwe helden en zoals je in de film kunt zien vereist het een diepe overtuiging. Deze mannen hebben hun overtuiging hun hele leven al geoefend, en toch moeten ze opnieuw een keuze maken. Beschikbaarheid valt te oefenen, maar vereist ook elke dag een nieuwe keuze. Daar hoef je echt geen monnik voor te zijn. Ik herinner me een manager in een stiltetraining. Hij had een geweldige baan in een groot ziekenhuis. Maar hij was het spelen verleerd. Naarmate onze gesprekken vorderden, kwam dat steeds weer terug. Ten diepste was hij een man die opbloeide van het spel in zijn leven. Maar alles was zo serieus geworden, dat die lucht uit zijn bestaan verdwenen was. Hij kwijnde weg, dus besloot hij weer een hut te gaan bouwen met zijn zoon en ook andere spelelementen in zijn leven terug te brengen. Al gauw ontdekte hij dat de functie die hij uitoefende eigenlijk net te hoog gegrepen was voor dit moment. Hij besloot vrijwillig een stap terug te doen omdat hij beschikbaar wilde zijn voor dat spelende kind dat nog steeds in hem zat.

Beschikbaarheid valt te oefenen, maar vereist ook elke dag een nieuwe keuze. Waarvoor wil jij vandaag beschikbaar zijn?

Beschikbaarheid: het goud van jouw dag

Wil jij als mens de juiste beschikbaarheid leren, bestudeer dan ook eens de werking van je hersenen. Het is als mens onmogelijk om continu beschikbaar te zijn en ergens aandacht voor te hebben. Sterker nog: het is een enorme kunst als je dat lukt! De Amerikaanse psycholoog William James schreef daar in 1890 over:

Het vermogen om een afgeleide geest vrijwillig tot aandacht te brengen is de basis van iemands wilskracht, karakter en beoordelingsvermogen. Wie deze kunst niet beheerst, kan nooit meester worden over zichzelf.

Kortom: beschikbaarheid en aandacht vereisen oefening. Aandacht is een spier die je kunt trainen. Je kunt hem ook te veel inzetten! Wanneer je je geconcentreerde aandacht voortdurend inzet, treedt er uitputting en misschien zelfs wel scheuring op. Denk aan een elastiekje dat je steeds tussen je duim en wijsvingers in de hoogste spanningsstand laat staan; op den duur zal dat breken. Mensen die continu op hun toppen leven en dan verbaasd zijn dat ze een burn-out krijgen, zijn als bergbeklimmers die denken de top te kunnen bereiken zonder op adem te komen. Ervaren bergbeklimmers weten hoe noodzakelijk het is om rustmomenten in te bouwen en bij zware tochten steeds weer op adem te komen in het basiskamp. Je zet een stap terug om twee stappen vooruit te kunnen zetten, vertelt de ervaren bergbeklimster Katja Staartjes. In het gewone leven denken we het andersom te kunnen, alsof we onoverwinnelijk zijn, maar dat zijn we niet. Psycholoog en econoom Daniel Kahneman deed er meer dan veertig jaar onderzoek naar. In *Ons feilbare denken,* een samenvatting van zijn onderzoek, beschrijft hij hoe in onze hersenen twee delen actief zijn.[36]

Systeem 1 is de zogenaamde automatische piloot. Hiermee kunnen we instinctief en emotioneel reageren. Dit systeem werd later ook wel bekend als Default Mode Network (DMN), het 'terugvalnetwerk' of de zogenaamde standaardmodus van ons brein.[37]

Systeem 2 is het logische deel van ons denken waarmee we geconcentreerde aandacht kunnen vasthouden. Dit systeem kunnen we maar beperkt inzetten!

Verschillende onderzoekers zijn aan de slag gegaan met de capaciteit van onze concentratie. Hoeveel uur per dag kunnen we ons nu werkelijk concentreren? De meningen daarover verschillen.

David Rock, medeoprichter van het NeuroLeadership Instituut concludeert dat we per week amper zes uur geconcentreerd bezig kunnen zijn. De meeste mensen zijn bovendien het meest productief buiten werkuren: 's ochtends vroeg en 's avonds laat. Andere hersenwetenschappers hebben het over gemiddeld vier uur geconcentreerde aandacht per dag.[38] Bedenk daarbij dat deze vier uur alleen gehaald worden met pauzes ertussen. Mocht jij denken dat jij tot de uitzonderingen behoort die zich acht uur per dag kunnen concentreren, dan heb je de vele onderzoeken hiernaar niet aan je kant. In 1950 werd er in het Technologisch Instituut in Illinois onderzoek gedaan onder collega's van het instituut. Wat bleek: wetenschappers die vijf uur per week werkten waren net zo productief als werknemers die 25 uur per week werkten. Wetenschappers die vervolgens 35 uur per week werkten waren de helft minder productief dan hun collega's die 25 uur werkten. De mensen die meer dan zestig uur per week werkten, waren in verhouding het minst productief van allemaal! Dit was een onderzoek onder wetenschappers. Ander onderzoek laat zien dat de grootste productiviteit bij werknemers tot stand komt bij hen die niet langer dan 52 minuten aan een stuk werken en pauzes van gemiddeld 17 minuten nemen.[39]

Wanneer we het hebben over concentratie nemen onze hersenen tijdens die geconcentreerde tijd ook af en toe een minipauze; wanneer je knippert met je ogen, houd je eigenlijk een minuscule pauze, een pauze van een oogwenk.[40]

Doordat we zoveel prikkels tot ons krijgen, neemt onze onafgebroken concentratietijd af. Gemiddeld is de duur van onafgebroken concentratie bij jongeren die op een computer bezig zijn afgenomen van 3 minuten in 2004 tot 45 seconden in 2016.[41]

Maar de concentratie neemt niet alleen af onder jongeren. Werknemers in open kantoortuinen hebben er ook last van. Om de 11 minuten wisselen medewerkers van taak en 60 procent wordt daarbij ook nog steeds onderbroken. Het duurt dan ongeveer 25 minuten om de aandacht weer bij je werk te krijgen![42]

Uit onderzoek van het tv-programma *De Monitor* in 2020 blijkt dat kantoortuinen bijdragen aan vermoeidheid, concentratieverlies, stress en hoofdpijn.[43] Het onderzoeksprogramma benaderde negentig leden van de Nederlandse Vereniging voor Arbeids- en Bedrijfsgeneeskunde (NVAB) en van hen zegt 80 procent dat het ziekteverzuim zou dalen als mensen met minder collega's in een ruimte zitten. Bijna 60 procent van de ondervraagden vindt dat kantoortuinen moeten worden afgeschaft. Erwin Speklé, senior ergonoom bij ArboUnie, stelt dat er meer stiltewerkplekken per medewerker moeten komen om het ziekteverzuim terug te dringen. En dan te weten dat, terwijl dit onderzoek uitgebreid in het nieuws is, in een kantoorpand op steenworp afstand van mij bouwvakkers aan het werk zijn om het bedrijf te voorzien van een heuse kantoortuin. Een aantal medewerkers heeft al geklaagd, maar blijkbaar moeten de cijfers eerst nog overtuigender gebracht worden. In de tijd dat corona uitbrak werd iedereen opgeroepen om thuis te werken. Velen vaarden daar wel bij, mits je natuurlijk geen afleiding had van kinderen, thuiswerkende partners of herrie bij de buren. Bij een onderzoek onder ambtenaren in een gemeentehuis met de vraag of zij thuis wilden blijven werken, bleek daar opvallend veel animo voor. Uit onderzoek aan de Tilburg University waarvoor vijfduizend Europeanen die tijdens de coronacrisis thuis werkten werden ondervraagd, bleek ruim 57 procent liever thuis te werken.

Wanneer je de dagritmes van bekende schrijvers en wetenschappers onderzoekt, zie je de vier uur concentratietijd per dag verrassend vaak langskomen. Mensen als schrijver Charles Dickens, wetenschapper Darwin en wiskundige Henri Poincaré en vele anderen werkten meestal van vroeg in de

Wanneer mijn concentratietijd zo kostbaar is, wil ik van tevoren wel heel goed nadenken waaraan ik die besteed. Waar wil ik echt beschikbaar voor zijn? Aan wie of wat schenk ik het 'goud' van mijn dag?

ochtend tot begin van de middag. Na een middagdutje was er ruimte voor ontspanning of minder ingewikkelde taken, waar weinig concentratie voor nodig was.
Voor mij persoonlijk bracht de bewustwording dat ik per dag maar vier uur concentratie beschikbaar heb, een verandering van denken. Wanneer mijn concentratietijd zo kostbaar is, wil ik van tevoren wel heel goed nadenken waaraan ik die besteed.

Waar wil ik echt beschikbaar voor zijn? Aan wie of wat schenk ik het 'goud' van mijn dag?

Het is niet alleen slim om te bedenken aan wie je je goud schenkt, maar ook hoe jij je 'goud' bewaakt. Wanneer je steeds maar op de toppen van je kunnen presteert, raken energievoorraden die in je hersencellen zijn opgeslagen, uitgeput. Dit tast op de langere termijn je 'goud' aan, je brein brandt op. De hersenen van iemand met een burn-out zijn emotioneel uitgeput, niet meer in staat om contact te maken met de ander en zichzelf. Je goud niet bewaken heeft grote gevolgen voor je eigen welbevinden en dat van de wereld om je heen! Rust is een belangrijke oplossing hiervoor. In 2012 deden onderzoekers aan de Rochester-universiteit in de Verenigde Staten een belangrijke ontdekking: onze hersenen gebruiken in perioden van rust een vernuftig afvoersysteem waarbij ze de neuronen in je hersenen als het ware 'schoonspoelen' van giftige stoffen die ontstaan tijdens periodes van activiteit. Ze noemen dit het glymfatisch systeem.[44] Zogenaamde gliacellen liggen als een uitgebreid leidingstelsel rond de bloedvaten van je hersenen en zorgen voor afvoer van de afvalstoffen. In rust verloopt dit proces sneller: er worden meer giftige proteïnen afgevoerd. Houd het natuurlijk reinigende vermogen van je hersenen dus op orde. Niet alleen reinigt rust je hersenen, het zorgt ook voor herstel en groei van nieuwe zenuwcellen. In 2013 onderwierpen Duitse wetenschappers muizen twee uur per dag aan volledige stilte – de muizen die de stilte hadden meegemaakt, maakten in de hippocampus meer nieuwe cellen aan.[45] Stilte brengt vernieuwing, op meerdere fronten. Het is een medicijn tegen de onrustige geest.

Het is een medicijn tegen de onrustige geest.

Dagritme
Uit de benedictijnse traditie kunnen we veel leren over beschikbaarheid. Volgens kloostervader Benedictus is de juiste balans tussen inspanning, ontspanning en contemplatie de enige manier waarop een mens kan floreren. Daarom leven de monniken uit deze traditie volgens een vast dagritme met soms wel acht korte vieringen. Alle overige activiteiten zijn hieromheen geschikt en kennen hun eigen plek in de dag. Zo kun je beschikbaar zijn voor meerdere zaken, zonder dat je aandacht steeds versnipperd raakt. Hieruit vloeien lessen voort die zeer geschikt zijn voor je eigen werkende leven:

1. **Door je planning op orde te hebben, heb je gelegenheid om beschikbaar te zijn.** Als je werkt, werk dan. Als je rust, rust dan. In de ochtend plannen monniken vaak de intensieve denktaken, in de middag wordt de behoefte aan rust ingelost en werkt men bijvoorbeeld in de tuin of de bakkerij.
2. **Neem afrondtijd voor elke klus.** Je ziet in de kloostertraditie dat elke klus als het ware wordt afgerond met een viering. Zodra de kloosterbel klinkt, leg je je taken neer en heb je nog een paar minuten voordat de dienst begint. Het is dan verstandig om tien minuten van tevoren al te stoppen, ook al is het werk nog niet klaar.
3. **Neem tijd tussen de verschillende afspraken.** Zo kunnen je hersenen archiveren wat er voor de ene taak in orde moest komen en zich richten op de andere taak. Benedictijnse kloosters zijn vaak gebouwd rondom een lege vierkante binnentuin. Dit noemt men ook wel de long van het klooster. De gedachte is dat wanneer je je van de ene naar de andere activiteit verplaatst, je langs een lege ruimte komt waar niets hoeft. Daar mag je simpelweg ontvangen en ontvankelijk worden voor het volgende moment in de dag. Een open, stille plek.

4. **Tel ook je kleine klussen mee.** Bij de monniken staat alles op de agenda, tot het eenvoudige werk aan toe. Pas dit ook in je eigen leven toe. Bereken je reistijd, je denktijd, je slaaptijd!
5. **Plan de maaltijden in.** Maaltijden zijn essentieel. Ze vinden ook bij de monniken op vaste tijdstippen plaats. Vaak eet men ook in stilte, of heeft met elkaar een aantal rituelen rondom de maaltijd, zodat je ook echt tot rust kunt komen.
6. **Houd lucht – twee dagdelen – in je agenda.** Hoewel Benedictijnse monniken al veel in stilte zijn, houden ze vaak ook nog speciale stiltemomenten of retraites. Ze plannen heel bewust lucht in de agenda.
7. **Tijd voor jezelf is geen luxe, maar een manier om te herijken** en met aandacht en liefde ook weer tijd voor de ander of jouw taak te hebben. Alles heeft een vaste plaats in de dag. Tijdens de herijkmomenten wordt er gebeden voor de wereld. Wanneer je jezelf de tijd gunt, gun je de ander jouw onverdeelde zelf.

Hiernaast zie je een voorbeeld van een benedictijnse dagindeling. De tijden kunnen per klooster verschillen. In de laatste kolom zie je suggesties hoe jij dit zelf kunt toepassen op je dagritme.

Middernacht	*Metten*	Uitzien naar het licht, in stilte zijn.
Zonsopgang	*Lauden*	Je begroet de morgen.
06.00 uur	*Priem*	Je stemt je af op je beschikbaarheid en vraagt een zegen over het werk dat moet gebeuren.
09.00 uur	*Terts*	Kort gebed om te herijken.
12.00 uur	*Sext*	Je bezint je op de kernwaarden van waaruit je wilde werken. Je herinnert je het voornemen te werken vanuit rust en aandacht.
15.00 uur	*Noon*	Je neemt wat ruimte en rust voor ontspanning.
17.00 uur	*Vespers*	Kijk terug en verzoen je met het onvolmaakte.
20.00 uur	*Completen*	Kijk terug; wat ging goed, waarvoor wil jij vergeving? Ga de stilte in, wees op jezelf, schrijf wat.

Een vast dagritme is niet alleen aan kloosterlingen of gelovigen voorbehouden. Charles Darwin, beroemd geworden met zijn boek *The Origin of Species* in 1859, hield er een vast dagritme op na.[46] In de vroege ochtend trok hij zijn jas aan en dwaalde door de velden. Vaak in gedachten, maar soms ook heel geconcentreerd. Hij luisterde dan naar de bossen rondom hem, een gewoonte die hij had aangeleerd toen hij in de bossen van Brazilië werkte als bioloog. Volgens zijn zoon Frances kon hij zich zo stil bewegen dat vossen met hun jongen soms op voetlengte afstand van hem aan het spelen bleven. Na zijn ochtendwandeling en ontbijt begon Darwin om 08.00 uur aan anderhalf uur geconcentreerd werken. Daarna opende hij zijn brieven pas, om vervolgens vanaf 10.30 uur zich weer op

geconcentreerd werk te storten. Vanaf het middaguur vond hij dat hij genoeg gedaan had en ging hij meestal weer aan de wandel, waarna hij weer wat brieven beantwoordde. Om 15.00 uur zocht hij zijn bed op voor een middagdutje, daarna wandelde hij weer een rondje alvorens hij nog wat studeerde en rond 17.30 uur zocht hij zijn vrouw Emma op om samen met het gezin te eten. Als je zijn dag bekijkt, werkte hij ongeveer drie maal negentig minuten diep geconcentreerd. Vandaag de dag zou hij daar waarschijnlijk om ontslagen worden!
Gelukkig zijn er tegenwoordig ook goede voorbeelden. Ceo's die vroeg opstaan om eerst een moment van beweging en bezinning te hebben, werknemers die bewust tijd nemen voor hun eerste bak koffie van de dag of ruimte vrijmaken voor meditatie en overpeinzing.
Arthur Reuvers, directeur van de Stout Groep, is bijvoorbeeld zo iemand. Hij was iemand wiens hoofd altijd aan stond en voor wie *the sky the limit* was. 'Toen ik in 2014 onderuitging vanwege een hernia, wist ik dat ik moest leren begrenzen. Ik heb een aantal rituelen ingezet om mezelf tot rust te brengen. Dat betekent dat ik elke ochtend een wandeling maak en zwem in open natuurwater. Vroeg in de ochtend loop ik door de uiterwaarden naar een natuurwater vlak bij mijn huis en doe ik bij het water eerst wat ademhalingsoefeningen. Daarna stap ik het koude water in en zwem ik 3 à 4 minuten. In de winter is het nog donker in de uiterwaarden en zie je talloze kleine lichtjes; dat zijn de oogjes van de kleine veldmuisjes. Het ene jaar zijn er meer dan het andere. Je ontdekt vossen en dassen en voelt je heel nauw verbonden met de natuur. Afgelopen vrijdag heb ik een nieuw vogeltje gespot en dan is mijn weekend weer goed. Dit ritueel van rust geeft me een voller leven. Doordat je het koude water instapt, kom je vanuit je hoofd in je lijf – het voelt als een soort ontwaken. Zo verbonden zijn met de natuur en met je lichaam, laat je beseffen dat je onderdeel bent van iets groters. Je verlegt je grenzen en in de ochtend heb ik

vaak heel mooie inzichten. Ik moedig mijn werknemers aan om zelf te ontdekken of deze vorm hen ook rust oplevert. Voor iedereen kan dat verschillend zijn; waar de een oplaadt van iets intuïtiefs, komt de ander tot leven door creatief bezig zijn of mediteren. Wil jij dat je werknemers tot bloei komen, dan is het belangrijk om dit de ruimte te geven.'

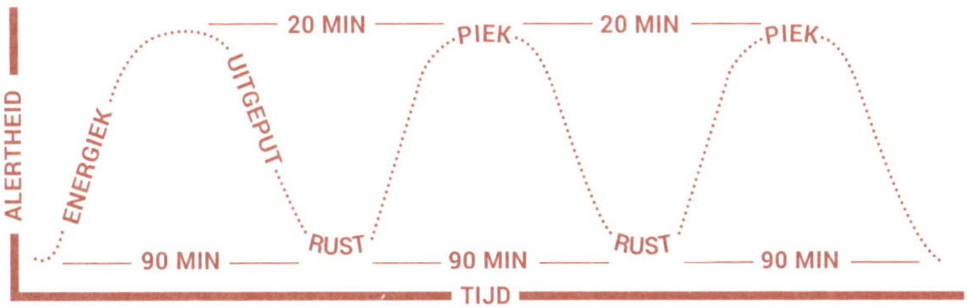

Een heilzaam ritme om het goud van je aandacht te bewaken.[47]

Gun je jezelf

Wanneer je je hele leven en beleven volledig met bezigheden doorbrengt en geen ruimte meer hebt voor bezinning, moet ik je hier dan om prijzen?

Wanneer je er geheel en al voor allen zijn wilt,
prijs ik je menselijkheid, maar alleen wanneer ze vol en echt is.
Hoe kun je echter vol en echt mens zijn, wanneer je jezelf verloren bent?

Ben je voor jezelf als een vreemde?
Ben je niet allen vreemd, wanneer je jezelf vreemd bent?
Ja, wie met zichzelf slecht omgaat: wie kan dan goed voor anderen zijn?
Denk er dus aan: gun je jezelf. Doe dat telkens weer opnieuw.

Dit is een verkorte versie van een tekst van Bernard van Clairvaux uit het jaar 1091.

ONTHAASTING

✓ Schrijf per dag op waarvoor of voor wie jij die dag beschikbaar wilt zijn. Keer drie keer per dag terug naar deze beschikbaarheid.

✓ Ontmasker je afleidingen. Er zijn veel zaken die ons afleiden van onze beschikbaarheid. Het is goed om die afleidingen in het vizier te krijgen, zodat je leert onderscheiden. Vul de komende weken elke dag onderstaande lijst in. Zie jij een patroon in je afleidingen? Wat zou je hieraan kunnen doen?

Hiervoor wil ik beschikbaar zijn	Dit leidt me af

✓ Stel jezelf tot doel dat er deze week geen dingen op je to-dolijst meer mogen bijkomen, behalve die te maken hebben met je beschikbaarheid.

✓ Aan wie of wat geef jij het 'goud' (je concentratie) van deze dag?

HOOFDSTUK 4

SCHENK DE WERELD JE WAARDIGHEID

Leef vanuit je waarden, waardoor je geen onnodige aandacht meer besteedt aan dingen waar je toch geen invloed op hebt. Keer er steeds weer naar terug, net zoals het labyrint ons leert. Leef en werk vanuit je hart.

schenk

DE WERELD JOUW

WAARDIGHEID

Op een zwoele zomeravond loopt de Pakistaanse Javed Masih door de straten van Perugia, een prachtig stadje met geelgekleurde huizen in Italië, niet wetend dat deze avond zijn leven voorgoed zal veranderen.
Hij is gek op boeken en zijn aandacht wordt getrokken door een etalage van een boekhandel. De taal is geen probleem; Javed doceert Italiaanse taal- en letterkunde in Islamabad. Hij loopt de boekhandel binnen en komt naar buiten met een Italiaans boek over een parlementslid uit zijn eigen land. Deze politicus voor religieuze minderheidsaangelegenheden is kort daarvoor vermoord. Terwijl Javed begint te lezen, groeit zijn verontwaardiging. Hoe kan het dat er in Italië een dikke pil over het leven van deze minister is geschreven en er in zijn thuisland over gezwegen wordt? Terug in Pakistan laat het verhaal Javed niet los en schrijft hij een boek over de minister in zijn moedertaal – het boek dat het leven van hem en zijn gezin zal veranderen. Zodra het uitkomt in Pakistan, worden ze bedreigd en moeten ze vluchten. Op 11 augustus 2014 komen ze aan in Ter Apel in Nederland.
Javed is wel wat ontberingen gewend: op zijn negende overleed zijn vader. Ze hadden het niet breed, hij werkte als dagloner op de velden om het lesgeld te betalen. Hij verbouwde zelf groente en aardappels. Toen zijn moeder vervolgens op zijn zestiende overleed, had hij een duidelijke visie op het leven meegekregen. Dankbaarheid, zorgzaamheid, geduld, gehoorzaamheid, vernieuwing, betrouwbaarheid, liefde en vertrouwen zijn de waarden waarmee hij het leven intrekt. Hij haalt een bachelor in godsdienstonderwijs en een master in personeelsmanagement. Hij volgt cursussen Italiaanse taal- en letterkunde, Engelse literatuur en een training *Dialogue for Peaceful Change*. In Pakistan richt hij een school voor minderbedeelden op – hij leeft zijn waarden uit.
Wanneer Javed in Ter Apel aankomt, begint hij een dagboekverslag. Wie dat verslag leest, krijgt het schaamrood

op de kaken. Niet dat Javed uitvalt tegen de Nederlandse samenleving; zijn verslag ademt dankbaarheid – een van zijn waarden. Misschien is het juist daarom wel zo indringend; in sobere bewoordingen schetst Javed zijn leven en dat van zijn gezin als asielzoeker.

Hoe zou jij reageren wanneer:

… je jarenlang geen fornuis ter beschikking had?
Javed schrijft:

> *'Op onze verdieping was een keuken met vier magnetrons, maar geen fornuis. We kregen elke ochtend bevroren maaltijden van het coa. De smaak van het eten was totaal anders dan we gewend waren, maar we aten het, dankten God ervoor en dachten aan de mensen in de wereld die niets te eten hadden.'*

… je jarenlang gebruik moest maken van gemeenschappelijke toiletten die niet goed werden schoongemaakt?
Javed schrijft:

> *'We dachten: deze plaats is nu ons thuis en we zouden ervoor moeten zorgen dat het schoon blijft. We verdeelden het werk over ons vieren; doucheruimtes, toiletten, gang en keuken. We gingen er een aantal dagen mee door, zonder hulp van anderen te vragen. Na een paar dagen begonnen anderen zich te realiseren dat ook zij konden helpen met schoonmaken. Toen stelden we roosters op.'*

… je je eigen familie jarenlang moet missen?
Javed schrijft:

> *'We besloten de mensen om ons heen als onze broeders en zusters aan te nemen. We konden blijven huilen, maar daarmee schoten we niets op.'*

… je de feesten uit je thuisland moest missen?
Javed schrijft:

'We leefden samen met verschillende religies. Zelf zijn we christen, maar we beseften dat we ook betrokken mochten zijn op anderen. Zo benaderden we de moslims met respect en liefde en dachten met hen na over hoe we samen het Offerfeest konden vieren.'

… je rechten continu geschonden werden en je dag en nacht met lawaai van anderen moest leven?
Javed schrijft:

'Tot middernacht rookten de mensen naast onze kamer de waterpijp en kletsten. We stoorden ons aan het lawaai en de rooklucht. We waren erg gefrustreerd, maar zagen dit als een oefening die onze waarde van geduld liet groeien.'

De familie ontvangt voor hun houding een certificaat van waardering van het COA, maar helaas is dat niet hetzelfde als een verblijfsvergunning. Asielzoekers hebben tijdens de asielprocedure niets te doen; het leven lijkt zonder het uitleven van je waarden leeg en doelloos. Javed wordt ziek en depressief. Hoe meer tijd hij doorbrengt in het azc, hoe somberder hij wordt. Wanneer iemand hem uitnodigt om openbare lezingen bij te wonen aan de Vrije Universiteit in Amsterdam, komt hij langzaam weer tot leven. Uiteindelijk wordt hij toegelaten tot de master *Peace, Trauma en Religion*, over de rol van religie bij de oplossing van conflicten en genezing van trauma's. Na ruim twee jaar krijgt de familie Masih eindelijk een verblijfsvergunning, maar daar eindigt hun verhaal niet. Ze staan voor de uitdaging om hun leven opnieuw vorm te geven in een ander land met nieuwe gewoontes.
Ik ontmoet Javed in een café in hartje Utrecht. Ik ben benieuwd hoe hij zo veerkrachtig is blijven staan ondanks alle tegen-

slagen. Hij is geen verbitterd mens, al heeft hij op het moment dat ik hem spreek nog steeds geen baan en hebben mensen hem op zijn zachtst gezegd vaak niet waardig behandeld. Al gauw komen we over onze waarden in gesprek – want wat is de basis van waaruit hij leeft?

Had je dat boek over de minister ook geschreven als je wist dat je hier zou komen te wonen? Die vraag blijkt voor hem niet relevant. 'Natuurlijk … dit boek schrijven paste bij liefhebben; een van mijn waarden! Ik geloof dat je in dit leven wordt uitgedaagd je waarden uit te leven, waar je ook geplaatst wordt. Het maakt niet uit of ik hier woon of in Pakistan. Waar ik in geloof, dat bracht me hier. Je bouwt geen huis met stenen, maar met waarden.'

Een goed fundament is wel belangrijk, benadrukt hij daarbij: 'Zonder een fundament van liefde, stort je huis in. Voor mij is de liefde van God datgene waar alles omheen draait. Heb jij lief wat je doet? Daar zouden we wat vaker bij stil mogen staan. Vanuit mijn geloof word ik daar ook steeds weer tot toe opgeroepen; keer terug naar de liefde.'

Leef en werk ik nog uit liefde? Bouw ik met mijn waarden een solide huis?

Het verhaal van Javed zet me stil: Leef en werk ik nog uit liefde? Bouw ik met mijn waarden een solide huis? Het is een vraag die het waard is om regelmatig aan jezelf te stellen, maar helemaal tijdens een crisis. Bij het uitbreken van de coronacrisis zag je dat veel mensen weer in gesprek gingen over diepere waarden en drijfveren.

Stress en depressie

Javeds verhaal brengt me terug naar het naaiatelier; een plek in Utrecht waar ik graag kom. Vluchtelingen en mensen die aanlopen worden aangemoedigd om mee te doen vanuit hun waarden en passies. In de tijd dat ik in Kanaleneiland woonde, zag ik ze tot leven komen – ik schreef er de novelle

Het naaiatelier over. De lessen die ik hier jarenlang opdeed, gebruik ik dagelijks in mijn praktijk als stiltetrainer – ze gelden namelijk voor ieder mens. Een mens is bedoeld om zijn waarden uit te leven, net zoals een vogel bedoeld is om te vliegen. Je kunt tegen een vogel wel zeggen: jij bent een geliefde vogel, maar als hij zijn vleugels niet kan uitslaan, valt zo'n beestje uiteindelijk dood neer. Stress en depressie komen vaak om de hoek kijken als mensen niet in staat zijn hun waarden uit te leven.

Het ontdekken en uitleven van je waarden is niet iets wat je alleen doet. Je ontdekt je waarden door spiegeling en samenwerking met anderen en het kost ook levenstijd om ze beter te leren kennen. Je waarden hangen nauw samen met datgene waar jij beschikbaar voor wilt zijn – en waar je natuurlijkerwijs de barricaden voor opgaat. Is zorgzaamheid een belangrijke waarde – dan zie jij overal kansen waar je iets kunt bijdragen. Is rechtvaardigheid een waarde, dan zul je opleven wanneer je recht voor het voetlicht kunt brengen. Is schoonheid een belangrijke waarde, dan maak je van jouw huis of werkplek een plek die oogstrelend is. Dat gaat natuurlijkerwijs – het is in eerste instantie geen offer.

Of je nu asielzoeker bent, of een werknemer met een goede baan, zonder waardig werken ga je langzaam een beetje dood. Waarden geven je bevlogenheid en uit tal van onderzoeken blijkt dat bevlogenheid het beste middel is tegen burn-out. Bovendien behaal je met werken vanuit je waarden betere resultaten.[48]

Waarden geven je bevlogenheid en uit tal van onderzoeken blijkt dat bevlogenheid het beste middel is tegen burn-out.

Dat staat dan nog los van het feit dat waardig leven goed is voor je gezondheid, huwelijk, relaties en huiselijk geluk. De meeste mensen weten wel dat dit zo werkt en toch bewegen ze zich elke dag bij hun waarden vandaan. Hoe zou dat toch

komen? Waarom laten we ons afleiden door zaken die er niet toe doen, in plaats van die tijd te besteden om terug te keren naar onze waarden en naar onze eerste liefde?
Besef goed dat dit van alle tijden is. In het bijbelboek Openbaring spreekt God een christelijke gemeente aan die heel goed werk doet. Hij zegt daar (Openbaring 2: 2-7, geparafraseerd):

> *Ik weet wat u doet; hoe u zich inzet en standhoudt en dat u boosdoeners niet verdraagt. U bent standvastig en hebt veel verdragen omwille van mijn naam. Maar dit heb ik tegen u: u hebt de liefde van vroeger opgegeven. Bedenk van welke hoogte u gevallen bent. Doe weer als vroeger. Dan zal ik u te eten geven van de levensboom.*

Kortom: je kunt al het goede van de wereld doen, maar als je vergeet van waaruit je leeft en beweegt dan mis je het eten van de levensboom. Dit geldt niet alleen voor je dagelijks leven, maar zeker ook voor je werk. De meeste mensen die ik tref met een burn-out of overspanningsklachten hebben geen flauw benul (meer) van wat hun oorspronkelijke waarde is, of wat hun waarden zijn. Wanneer we daarmee aan de slag gaan, gaat er vaak een nieuwe wereld open. Wanneer je bezig gaat met je waarden, ontdek je de grond die jou gegeven is.

Labyrint

Wanneer je wilt terugkeren naar je waarden, is het labyrint een mooie metafoor. Een labyrint verschilt daarin met een doolhof dat je er niet kunt verdwalen. In een doolhof loop je soms tegen een doodlopende muur, maar in een labyrint kan dat niet. Wanneer je de weg naar binnen gaat en gewoon blijft doorlopen, kom je vanzelf uit bij de kern. Van daaruit kun je weer naar buiten lopen. Het labyrint wordt gebruikt in diverse religieuze tradities. Ook zie je het vaak ingelegd in oude kerkvloeren, in tuinen van kloosters en in de vroegchristelijke kerken hing er vaak een klein 'vingerlabyrint' bij de ingang van de kerk. De gedachte is dat je in je leven steeds weer mag terugkeren naar de kern, naar je 'eerste liefde' en van daaruit kun je de wereld weer inkleuren. Ons leven is geen op- en neergaande lijn van hoogte- en dieptepunten, maar een steeds weer terugkerende beweging van in- en uitkeren. De bekende priester Henri Nouwen hield er zijn beroemde prekenserie over in de Crystal Cathedral. Hij werd ontdekt door een miljoenenpubliek toen hij sprak over de geliefde die steeds weer mag terugkeren naar de liefde. In de Joodse traditie spreekt men over het terugkeren naar de Ruach; de adem van alle dingen.

Wanneer we niet terugkeren naar de adem van alles en er geen adem in je dag zit, raak je uitgewoond.

Het labyrint zie je terug in diverse managementmodellen. Het is als bedrijf essentieel om steeds weer terug te keren naar je *why* om relevant te blijven. Toch is het interessant om te zien hoe weinig tijd daar vaak voor genomen wordt. Natuurlijk kan het 'why' in de loop van de jaren veranderen, maar bedenk goed waar je vandaan komt. In de bekende film *The Lion King* moet Simba er weer achter komen wie hij werkelijk is. Ook op je werk is het essentieel om terug te keren naar de waarden van waaruit je ooit begon. Wist je bijvoorbeeld dat veel van de zorg in Nederland ontstaan is vanuit kloostercongregaties? Die werden gevormd door geëngageerde vrouwen die hun leven gaven voor de zorg voor anderen. Een paar jaar geleden interviewde ik een groot aantal van hen, in het kader van een erfgoedproject. De uitstervende kloostercongregaties van nu willen hun waarden graag doorgeven aan

Wanneer we niet terugkeren naar de adem van alles en er geen adem in je dag zit, raak je uitgewoond.

deze generatie. Ze zien dat veel mensen opgebrand raken in de zorg en willen vanuit hun kennis en expertise laten zien hoe je vanuit liefde blijft zorgen. Naast een glossy kwam er een documentaireserie en werden er ontmoetingen met de verschillende generaties zorgmedewerkers door het hele land georganiseerd. Tijdens deze vaak ontroerende ontmoetingen beseften de zorgmedewerkers van nu: ik ben niet alleen; ik sta op de schouders van anderen! Bijvoorbeeld op de schouders van zuster Riet van De Voorzienigheid in Amsterdam. Als klein meisje zag zuster Riet de zusters na hun stilteviering vaak pratend en lachend naar hun werk gaan. 'Er was een saamhorigheid tussen hen waarin ik meegezogen leek te worden. Een geheim waar ik graag deel van wilde uitmaken.' Van de Zusters van Liefde in Tilburg leren we dat we bij elkaar op adem mochten komen. In de tuin achter het klooster staan de 'treuressen'. Deze bomen hebben inmiddels een monumentale status en staan symbool voor een moment van onthaasting. Aan het einde van de dag kwamen de zusters hier bij elkaar om hun verhalen van de dag te delen, ook de treurige verhalen. De saamhorigheid van de zusters zorgde dat ze bergen konden verzetten. Ze waren betrokken bij hun patiënten, staken vaak ook een kaarsje voor hen op. In de documentaire loopt een van de oudere zusters mee met een verzorgende van nu en ontsteken ze samen zo'n licht. Het raakt alle betrokkenen diep om het hart te mogen laten spreken midden in de werksituatie.
De zusters deelden tijdens de ontmoetingsdagen ook hun falen. Zo hadden ze vaak een eed van gehoorzaamheid afgelegd en ontdekten ze pas later dat ook hun mening ertoe deed – het leidde tot een gesprek over hoe we ieders stem kunnen horen.[49]

Niet lang na deze ontroerende dagen werd ik uitgenodigd om iets te komen vertellen in een ziekenhuis dat diepe wortels had in een kloostercongregatie. Toen ik de leidinggevenden er tijdens het gesprek naar vroeg, bleek daar niet veel van bekend. Na het gesprek kreeg ik een rondleiding door het gebouw. De stilteruimte was gesloten – er was onenigheid geweest tussen de diverse geestelijken. Het was bovendien zo druk dat niemand meer tijd nam voor de invulling hiervan. Daags na het gesprek hoorde ik dat het zo bijzonder was geweest dat we over de wortels van het ziekenhuis gesproken hadden; precies die dag had men gehoord dat de laatste zuster van de congregatie was gestorven. Ook al sterven mensen – de waardedragers –, waarden zelf zijn tijdloos en kunnen voortleven. We hebben elkaar nodig om ze aan te wakkeren en levend te houden. Laten we ze steeds weer adem inblazen door erover te spreken. Wil jij je adem vooral gebruiken om problemen op te lossen en je omgeving te veranderen, of om waarden levend te houden? Javed uit het begin van dit hoofdstuk koos voor het laatste. Hij hield zijn waarden levend en daardoor veranderde hij uiteindelijk ook zijn omgeving. Aan het eind van dit hoofdstuk vertel ik je daar graag een verhaal over dat bloedig begint – maar verrassend eindigt. Maar eerst, hoe kom jij je waarden op het spoor?

Wil jij je adem vooral gebruiken om problemen op te lossen en je omgeving te veranderen, of om waarden levend te houden?

Hoe kom je je waarden op het spoor?

Waarden sturen in belangrijke mate je leven. Waarden zijn de elementen waarmee jij je leven wilt inkleuren, wil het voor jou waardevol zijn. Ze vloeien voort uit je identiteit; ze maken dat jij jij bent en ook echt verschil kunt maken. Voor je waarden zelf hoef je niet hard te werken; je hebt ze al. Je kunt ze wel ontwikkelen – maar dat doe je niet door hard te ploeteren, maar door ze te ontdekken en ruimte te geven.

Vanuit het feit dat je adem hebt gekregen, heb je bestaansrecht.

Je bent een waardevol mens dat mag bewegen in de wereld. Je hoeft je bestaansrecht dus niet eerst te verdienen! Dat klinkt misschien heel logisch, maar helaas raken veel mensen door de druk om hen heen die logica vaak kwijt. Mensen gaan hard werken omdat ze hun waardigheid willen verdienen. Dat is dus niet nodig. Jij bent al waardig. Koester je hart, je bent al een beminde. Het boek *Koester je hart* dat ik ooit schreef, gaat hierover. Het werd een van mijn meest verkochte boeken, waarschijnlijk omdat we wat hulp nodig hebben om ons hart en de waarden daarin te koesteren. De bekende monnik Anselm Grün zegt erover: Ons hart wil geen afleiding, het wil gekoesterd worden. Vanuit die liefde komen dingen tot leven. Het mooiste cadeau dat je een ander kunt schenken, is zijn waardigheid. Wanneer je dat steeds weer doet, gaat het op andere manieren stromen – ook binnen je werk. Waardigheid kan nooit verdwijnen: wat eeuwig is, kan namelijk niet worden gestolen. Wel kan het gevoel van waardigheid worden geroofd in je denken. Wanneer een mens zijn waardigheid verloren heeft, is die alleen verborgen. Het is de taak van ieder mens de ander in zijn waardigheid tevoorschijn te beminnen. Je kunt wel zeggen tegen iemand: kijk in de spiegel en weet dat je geliefd bent, maar dat is vaak niet voldoende. Pas wanneer je je waarden kunt uitleven – op welke plek dan ook – voel je van binnenuit leven stromen en borrelen. Van hieruit ontstaat creatie.

Ons hart wil geen afleiding, het wil gekoesterd worden. Vanuit die liefde komen dingen tot leven.

Waardigheid zelf is dus een gegeven. Je waarden kun je niet verdienen, maar wel ontdekken en uitdiepen. De vergelijking met een akker vind ik persoonlijk erg helpend. De grond heb je – nu mag je de grond ook gaan gebruiken. Zelf heb ik grond waar de waarde rechtvaardigheid goed op gedijt … ik moest dit gewas wel leren verbouwen op de goede manier. Omdat rechtvaardigheid zo'n belangrijke waarde voor mij is, ging ik vóór mijn burn-out voor alles de barricaden op. Want ik zag overal onrechtvaardigheid. Ik mocht leren om mijn 'gevecht' voor het goede zorgvuldig uit te zoeken: *pick your battles* en ik leerde dat niet elk seizoen in mijn leven geschikt is om voor alles op de barricaden te staan. Soms heeft mijn grond rust nodig, om daarna deze waarde weer voluit tot bloei te laten komen.

Hoe kom je je waarden op het spoor?

- ✓ Wat raakt mij diep vanbinnen?
- ✓ Wat voor relaties wil ik bouwen?
- ✓ Waar wil ik dat mijn leven om draait?
- ✓ Welke acties geven het gevoel dat ik leef?
- ✓ Wanneer angst verdwijnt, welke dingen zou je dan uit verlangen najagen?

Hoe leef je je waarden uit midden in de chaos?

Wanneer de druk hoog is, komen je waarden vaak ook onder druk te staan. Neem het verhaal van Javed: door de omstandigheden had hij ook verbitterd kunnen raken. Maar omdat hij zijn waarden gedurende zijn leven al diep heeft laten wortelen, kon hij ze zelfs in de chaos uitleven. Dat is voor hem ook elke dag weer opnieuw een keuze. Hij blijft zijn waarde van liefde water geven en hij blijft erover spreken. Ook toen hij in een situatie kwam waar ogenschijnlijk niet veel positiefs over te zeggen viel, bleef hij het goede doen en uitspreken. Dat deed hij niet alleen; hij betrok zijn gezin erbij en iedereen die zich erbij wilde aansluiten was welkom. Zo schoven er steeds meer mensen bij de schoonmaakploeg in het azc aan.

Wat Javed in praktijk brengt, doet me denken aan de geschiedenis van Holy Island, ten noordoosten van Engeland. Dit kleine eiland trekt jaarlijks duizenden pelgrims. Het lieflijke eiland is alleen bereikbaar bij laagtij. In de volksmond wordt het eiland Lindisfarne genoemd: alleen al van die naam ga je achteroverleunen. *Lindisfarne* betekent in het Gaelisch: *Le'n Dis fearann*: Land met God. Het is ook de naam van het klooster op het eiland, waarvan alleen nog ruïnes resten. Het werd rond 635 gesticht door de Ierse monnik Aiden van Lindisfarne, die van het eiland Iona kwam. Vanuit deze pleisterplaats trokken monniken door heel Engeland en het eiland zelf werd een bloeiend centrum waar kunst werd beoefend. Hier ontstonden ook de beroemde Lindisfarne Gospels: rijk geïllustreerde evangeliën, die hedendaagse kunstenaars nog steeds inspireren. Het eiland bestaat vandaag de dag uit smalle paadjes met uitbundig bloeiende bloemen en ruïnes. Langs de waterlijn staan opgestapelde stenen als altaartjes van de talloze bezoekers. Het zijn ware kunstwerken en elk door de zon verweerd exemplaar vertelt zijn eigen verhaal. Als vanzelf beginnen je handen daar te stapelen en stromen je gedachten van je hoofd naar je handen. Overal op het eiland staan bankjes; elk bankje symboliseert het verhaal van een pelgrim. Mensen kunnen er soms urenlang stilzitten. Tijdens mijn bezoek aan Holy Island interview ik meerdere bezoekers en allemaal zijn ze het erover eens: deze plek is een heilige plek. 'Ook al houd je niet van mystiek en zweverigheid,' vertelt een jonge ondernemer, 'toch gebeurt er hier iets.' Een echtpaar dat languit in het gras ligt, komt om deze reden steeds weer terug naar het eiland. Wat is het toch dat al deze mensen doet verlangen naar dit land? Praten mensen het elkaar aan of komt het doordat de kloostergemeenschap hier het land al eeuwenlang zegent? De Keltische gemeenschap van Aiden en Hilda heeft dit zelfs als een van hun leefregels opgetekend: zegen je vervloekte land. Zegenen betekent niets anders dan goede woorden uitspreken over dat stukje land van jou dat een chaos lijkt, steeds maar weer. Want je zult het geloven of niet: Holy Island werd na haar aanvankelijke bloeitijd een woestenij. Rond 793 kwamen de Vikingen op het eiland. Ze plunderden alles en vermoordden de monniken. De slachtpartij besmeurde het eiland letterlijk met bloed. Maar overgebleven monniken keerden in de loop van de tijd terug naar het eiland en begonnen het te zegenen en bewerken. Een traditie van eeuwen, die nog steeds bestaat. Spreek goede woorden uit over je vervloekte land en het zal je land goed gaan. In 1993, twaalfhonderd jaar na de slachtpartij, kwamen er afstammelingen van de Vikingen uit Noorwegen en Zweden met een excuusbrief naar het eiland. Hun schrijven hangt in St. Mary's Chapel als teken van de verzoening die er toen plaatsvond.

Het verhaal van Holy Island raakt me elke keer weer. Wanneer ik kijk naar chaos in mijn eigen leven of dat van anderen, daagt het me uit om dit 'land' te zegenen met goede woorden. Om het beste van mezelf en mijn waarden te geven, in plaats van op te geven of negatief te spreken. Wanneer je dit tot een gewoonte maakt, zal het je rust geven. Het zijn niet de omstandigheden die de dienst uitmaken, maar woorden van zegen. Daarvoor is het noodzakelijk om steeds weer terug te keren naar je hart. Kijk niet naar de omstandigheden, maar naar datgene wat jij de omstandigheden gunt vanuit jouw waarden. Ga vastberaden op pad en besef dat er geen onmogelijke doelstellingen bestaan, wel onmogelijke tijdsplanningen. Het mooiste wat jij de wereld te geven hebt, is jouw waardigheid. Mensen onthouden niet wat jij allemaal deed, maar wel welk gevoel je hen gaf. Jouw succes van gisteren is morgen alweer vergeten, maar wanneer jij je goede woorden uitsprak, heb je iets of iemand tevoorschijn geroepen en bouw je met je waarden aan een duurzaam thuis. Dat kan thuis bij je gezin zijn, maar ook in je bedrijf of op je werk. Spreek goede woorden over de plek waar jij woont en werkt en betrek daar ook anderen bij.

Kijk niet naar de omstandigheden, maar naar datgene wat jij de omstandigheden gunt vanuit jouw waarden.

's Avonds hoor je op Holy Island huilende zeehonden en wanneer je 's ochtends opstaat, roepen de vele vogels je naar buiten. Mijn tijd daar was te kort en ik denk er nog vaak aan terug. Ik nam het verlangen om steeds terug te keren naar mijn hart mee van het eiland. Is dat niet wat pelgrimeren is? Je verlangens opnieuw tot leven roepen, je hart laten spreken en thuiskomen op de plek waar je bent.

Keltisch gebed van Holy Island

Light of the world
meet us in our place of darkness.
Journey with us
and bring us to new dawnings.

ONTHAASTING

- ✓ Wat vond jij waardevol aan deze dag? Schrijf een week lang elke dag drie punten op.

- ✓ Schrijf jezelf een brief: als dit jouw eerste of laatste dag op aarde was, hoe zou je die dan invullen?

- ✓ Ken jij je eigen waarde(n) nog niet? Besef dat je deze vaak ontdekt in samenspraak en spiegeling met anderen. Zoek een medepelgrim met wie je jouw waarden op het spoor komt. Zelf geef ik daar ook training in. Maar begin eens met uitvragen van beste vrienden: wat zien zij in jou waar jij echt voor gaat?

- ✓ Wanneer je in een conflictsituatie zit, probeer dan te achterhalen wat de waarden van de ander zijn. Hoe kun je bijdragen aan gezonde waarden van de ander? Je moet van twee kanten komen om een brug te bouwen.

- ✓ In navolging van Holy Island: hoe kun jij een stukje 'vervloekt' land in je leven of werk zegenen met positieve woorden?

HOOFDSTUK 5

ALLES WAT VANDAAG OP JE PAD KOMT IS GENOEG

Ontdek jouw haalbare weg in plaats van dat je je laat dicteren door onmogelijke tijdsplanningen. Ontdek jouw Quantum Sufficit.

ALLES

WAT VANDAAG

OP JE PAD KOMT

is genoeg

Ken je rapper Typhoon? Hij groeide op in 't Harde, een dorp op de Veluwe. Op zijn twintigste brak hij al door in het hiphopcircuit en met zijn tweede album in 2014 *Lobi da Basa – Liefde is de Baas* kreeg hij het grote publiek aan zijn voeten. 'Een meesterwerk,' schreef de *NRC*. Met zijn grote glimlach en het waanzinnige muzikale plezier dat hij en zijn band uitstralen, verovert hij de wereld. Vanaf zijn doorbraak vliegt de Surinaamse rapper van optreden naar optreden. Ook wint hij mooie prijzen, zoals de Van Praagprijs voor zijn oeuvre. Uit het juryrapport: 'Typhoon weet uit tegenslagen veerkracht te halen en is daarmee een voorbeeld voor anderen. Hij schuwt de diepgang niet en voldoet aan het zwaarste criterium van de prijs: menselijke waardigheid. Hij is een vernieuwer die jong en oud weet te raken. Zijn impact is groot. Typhoon gaat maatschappelijke thema's niet uit de weg en kiest zijn eigen pad, ook met betrekking tot een onderwerp als etnisch profileren. Hij is geen activist maar brengt mensen wel in beweging, haalt ze uit hun bubbel en toont zich daarmee een 'dwarsverbinder'. Dat zijn nogal wat verwachtingen waarmee hij elke keer op stap gaat, zeker voor een jongen die door zijn moeder altijd al een 'oud mannetje' werd genoemd, een gevoelige denker die de wereld helemaal in zich opneemt. Op een gegeven moment neemt Typhoon nog maar weinig rust. In een video op Instagram vertelt hij dat hij medicijnen nodig had om uit bed te komen en om op te treden. Door de grote hoeveelheid prikkels komt hij in de overlevingsstand terecht. 'Je grijpt alles aan waarvan je denkt dat het nodig is om door te blijven gaan,' vertelt hij eind 2019 in een groot interview in de *NRC*.[50] 'Elke vorm van kwetsbaarheid kan het eerste scheurtje in je verdedigingsmuur betekenen. Er was niets romantisch meer aan mijn succes. Het was gewoon sneu.' Ja, hij wist dat hij pauze zou moeten houden, maar: 'De dopamine die aangemaakt wordt als je een crowd ziet springen! Daar krijg je een kick van, dat streelt je ego. Dus ging ik maar door.'

En dan is het op; Typhoon voelt niets meer en kan alleen maar denken: waarom ben ik hier eigenlijk nog? Tijdens een week hiken met vrienden komen er gedachten bij hem op om van de klif te rijden. 'Dat was het moment dat ik in mijn notitieboekje schreef: God, S.O.S. Ik geloof zelf dat ik God toen gehoord heb, want er kwamen zalvende en liefdevolle woorden in me op.'
Vanaf dat moment stapt de rapper er tijdelijk tussenuit en treedt hij veel minder op. Hij geeft zijn kwetsbaarheid opnieuw de ruimte. 'Daadwerkelijk geloven betekent vertrouwen en overgave; daar heb je kwetsbaarheid voor nodig, elke dag weer.' Langzaamaan keert hij weer terug en deelt zijn kwetsbaarheid ook met de wereld. 'Ik wil beter naar mezelf luisteren, minder moeten. Niet alles tegelijk. Niet de autorit gebruiken om ook nog wat telefoontjes te doen. Het is zo makkelijk om erkenning te verwarren met aandacht. Maar ik ben meer dan alle aandacht. Wat mij definieert is de Liefde die ik ben, mag ontvangen en doorgeven. Het helpt om te weten dat ik **volledig** ben, met al mijn tekortkomingen.'

Volledig zijn

Volledig is een woord om even op te kauwen of mee te wandelen tussen alle bedrijven door. Vol – er is genoeg, je bent verzadigd. Ledig – onbelast, onbezet, open, vacant, onontgonnen. Er is ruimte voor iets nieuws. Er is ruimte om te delen, waar je eerst alleen maar druk ervaarde. Heel vaak interpreteren we het woord 'ledig' negatief – hol, ijdel, leegheid, uitgeput – maar het heeft ook deze positieve betekenissen. Al ben ik dan geen bekende rapper, ik herken veel dingen in het verhaal van Typhoon. Toen ik zelf burn-out raakte leerde ik mijn leegheid te ontdekken. Voor mij was die leegheid eerst niets anders dan uitgeputte grond. Doodmoe zijn en niets meer kunnen voelen en creëren. Naarmate ik meer bij mijn eigen uitputting durfde neer te zitten en mezelf accepteerde onder de open

hemel, werd de leegheid anders. Van uitgeput gebied werd ik vacant gebied. Van holle leegte veranderde ik in onbelaste onontgonnen ruimte. Vanaf mijn burn-out ben ik stilte en leegte gaan waarderen, koesteren zelfs. In de stilte ontdek je jouw genoeg, los van dopamine, los van welke verslaving dan ook.
Een metafoor die mij helpt is die van de *drie treden van stilte* uit de benedictijnse kloostertraditie. Ze is de kapstok van mijn stiltetrainingen en retraites omdat alle fases van stilte erin verborgen zitten – en gedurende de jaren heb ik er nog een fase aan toegevoegd.

- ✓ Eerste trede van stilte: de herademing.
- ✓ Tweede trede van stilte: de struikeling.
- ✓ Derde trede van stilte: bemind zijn zonder doen.
- ✓ Vierde fase van stilte: de bereidheid om lief te hebben.

De eerste fase van stilte is de herademing. Dat zijn vaak korte, zelfgekozen momenten van stilte waarin je op adem wilt komen. Liefst zo snel mogelijk eigenlijk, want je wilt ook weer dóór. De monnik Anselm Grün noemt dit hemelbestormende spiritualiteit. Wij beklimmen de hemel en grijpen wat rust om daarna ons hectische leven te vervolgen. Maar dan mis je wel wat …

Op de tweede trede van stilte begint het saai te worden. Je raakt gefrustreerd omdat er een gebrek aan voortgang lijkt te zijn. Je hoofd gaat malen. Vele gedachtes manen je aan toch weer in beweging te komen, anders doe je er toch niet toe. Je struikelt over je goede voornemens, over jezelf, over de ander. Dit is de fase waarin de leegte zich laat gelden; de leegte waar we het liefst voor weglopen, of nog beter: de leegte die we wegwerken,

wegsnoepen, wegredeneren. Je kunt bang worden van jezelf. Wat moet je met al die stemmen. Hoe kan dat hart van jou ooit verzadigd raken? Tijdens deze fase van stilte houden de meeste mensen het voor gezien, en dat is jammer. Wanneer je hart spreekt, maak dan aantekeningen. Tijdens deze fase wordt duidelijk hoeveel 'honger' je hebt, waar je angsten liggen en waar uiteindelijk je diepste verlangens en behoeftes liggen. In de stilte voelde jouw hart dat het eindelijk mocht spreken. Net nu de stilzwijgende dialoog met je hart op gang komt, zou je het zomaar laten afweten, bang voor een moeras van emoties die totaal niet constructief lijken. Je hoofd is namelijk nog aan zet; het hoofd dat denkt dat het voor elke emotie een oplossing moet bedenken – het ego dat luid schreeuwt.
De stilte nodigt uit om te *voelen.* Je hart heeft geen oplossing of afleiding nodig; het wil gekoesterd worden. Toen Typhoon zachte zalvende woorden hoorde, kwam er een kentering. Zijn hart wilde koestering. Veel mensen associëren dat met kwetsbare zweverigheid die tot alle prijs vermeden moet worden. Wanneer jij je kwetsbaarheid laat zien val je door de mand en is het einde zoek. Deze tweede trede nodigt uit tot overgave en vertrouwen.
De wereldwijd bekende Nederlandse priester Henri Nouwen zei daarover:[51]

> *Sluit je gebrokenheid in de armen. Heb de moed je pijn te aanvaarden als iets van jezelf. Durf erbij neer te zitten en het onder Gods zegening te brengen.*[52]

Of, om in de woorden van Typhoon te spreken:

> *God, S.O.S.*

En als dat zelfs te moeilijk is zijn de woorden van zangeres Lauren Daigle veelzeggend – in een later hoofdstuk bekijken we haar verhaal wat dieper. Ademen is genoeg – sta maar gebroken onder de hemel en adem je S.O.S.

You are not hidden
There's never been a moment
You were forgotten
You are not hopeless
Though you have been broken
Your innocence stolen
I hear you whisper underneath your breath
I hear your S.O.S., your S.O.S.

De derde trede van stilte is de fase van het geliefd zijn, zonder dat je er iets voor doet. Je hebt je overgegeven aan iets wat groter is dan jij – je beseft dat je het zelf niet onder controle hebt, maar toch voldoende en genoeg bent, met je onvolkomenheden. Dat zeg je dan niet alleen met je hoofd, maar voel je tot diep in je vezels. Van daaruit kun je gaan leven in plaats van streven. Je leeft vanuit vertrouwen in plaats vanuit wantrouwen. Vanuit overvloed in plaats van tekort. Alles wat vandaag op je pad komt, is genoeg. Jij bent genoeg.
Is de derde trede het eindpunt? Als dat zo was zouden we allemaal als verlichte monniken boven op een berg zitten. En dat is niet zo. In ons leven gaan we op en neer op die drie treden van stilte, steeds weer op zoek naar die eerste liefde. Maar wie zoekt, zal vinden! We zijn bedoeld om lief te hebben. Je zou daarom kunnen zeggen dat er ook *nog een vierde fase van stilte is. Dat is de bereidheid om lief te hebben.* Henri Nouwen zegt het als volgt:[53]

In ons leven gaan we op en neer op die drie treden van stilte, steeds weer op zoek naar die eerste liefde. Maar wie zoekt, zal vinden!

Je bent bedoeld als een geschenk aan de wereld. Je bent genodigd om over te stromen, jezelf weg te geven aan mensen om je heen, maar ook aan de generaties na jou.

Bij dat overstromen moet ik direct denken aan een andere metafoor van de Franse abt Bernard van Clairvaux (1090-1153). Hij stelt dat we ons vaker zouden moeten opstellen als een reservoir dat vanzelf overstroomt, in plaats van als een rivier die steeds droogvalt. Een reservoir staat met zijn voeten in het water en raakt steeds gevuld; het deelt pas uit wanneer het vol is. Een rivier geeft zichzelf leeg en kan soms droog komen te staan. Een reservoir is zich bewust van zijn genoeg.

Wat is mijn genoeg?

Hoe kom je er nu achter wat jouw genoeg is? De verleiding naar *méér* is groot, weten ook de monniken van Westvleteren. Ze brouwen daar volgens kenners het lekkerste bier ter wereld en ze hebben er bewust voor gekozen niet te voldoen aan de grote vraag. De wereld ligt aan hun voeten, maar zij doen er niet aan mee. 'Wij brouwen om te leven. We leven niet om te brouwen. We zijn meer dan ons product,' vertelt broeder Benedict. 'We werken hier om mens te zijn, niet om te voldoen aan de verleiding van de commercie. Daarom is er soms minder bier dan er gevraagd wordt, omdat onze mensenhanden of de schepping dit niet kon leveren.' Moedige keuzes en ze komen ermee weg. Het bier is er alleen maar populairder door geworden.

Moet iedereen dan maar gaan minderen, net zoals deze monniken? Een leven van genoeg betekent niet dat je steeds de rem erop moet zetten, want een vol reservoir mag overstromen. Je mag ontdekken waar het stroomt. Maar wanneer is het genoeg? Ooit bezocht ik een bedrijfstraining over het verhogen van je omzet. Het was een inspirerende training waarin je getriggerd werd om groter te denken. Als voorbeeld werd een goochelaar aangehaald die zijn jaaromzet had weten te verhogen van 30 duizend naar 200 duizend euro per jaar. In de wandelgangen kwam ik een van zijn vrienden tegen. Ik vroeg hem hoe het met de goochelaar ging. 'Hij wil van de brug springen,' was het antwoord. 'Hij kan de hoeveelheid werk niet aan.'

Doet dat verhaal je niet een beetje denken aan dat van Typhoon? Of denk aan de Zweedse dj en muziekproducent Avicii. Ook hij brak internationaal door, maar ging ten onder aan zijn eigen succes: op 25-jarige leeftijd pleegde hij zelfmoord. Het nummer dat postuum werd uitgegeven was getiteld S.O.S. Met daarin de tekst: *Can you hear me, S.O.S. Can you put my mind to rest.*

Dit zijn voorbeelden van mensen met heel zichtbare successen, maar ze zijn mens, net als jij. Kijk eens naar jezelf. Hoe sta jij 's ochtends op? Komt er vanaf jouw lippen ook een S.O.S en is het wellicht tijd voor een herijking of een pauze?

Hoe kom je er nu achter wat jouw genoeg is? Hieronder volgen een aantal vragen die je kunnen helpen om dit op het spoor te komen. Deze vragen kun je beantwoorden voor je privésituatie, maar ook voor je werkomgeving of hoe je omgaat met werknemers.

Is er ruimte om lief te hebben?

Liefhebben is de ander tevoorschijn laten komen zoals hij is. Luisteren, aankijken, waarderen, de hand reiken, laten ontwikkelen en ontplooien.

Is er ruimte om te voelen?

Mogen gevoelens er zijn, of druk je ze weg? Is er ruimte om samen te stoeien met gevoelens en kwetsbaarheid? Zoals Brené Brown zo mooi zegt: *Is there room to rumble?* Ja, ook op het werk![54]

Is er ruimte om te dansen?
Nederlanders zijn niet van die dansers. In andere culturen worden gebeurtenissen gedanst. Sterft er iemand – dan dansen ze hun rouw. Is er wat te vieren – de voeten gaan van de grond. Met de vluchtelingen in Kanaleneiland dansten wij mislukkingen en successen. Misschien zie je jezelf geen rondedans maken met je werkgever, maar een klein huppelpasje dan? En als je niet danst, op wat voor manier doet jouw lijf dan mee?

Is er ruimte om te creëren?
Creëren is een creatief proces, waarin ook fouten gemaakt mogen worden. Iets ontstaat uit niets. Falen hoort daarbij; je ontdekt dan ook wat niet werkt. Verlang je alleen succes; moet iets meteen lukken? Mag dat een proces van creatie zijn? Een synoniem van 'creëren' is het bijna vergeten woord 'wrochten.' Het betekent zoiets als: tot stand brengen met zware handenarbeid. Niet zo snel mogelijk, maar in een doorwrocht proces.

Is er ruimte om te lijden en te rouwen?
Een jonge vrouw die haar kind verloor kreeg op haar werk te horen dat ze zich maar ziek moest melden. 'Ik ben niet ziek, ik ben in de rouw,' gaf ze aan, 'wat ik nodig heb is iets meer begrip en nabijheid. Een hand op mijn schouder. Ik wil niet stoppen met werken, ik wil er kunnen zijn mét mijn rouw.' Helaas weet ik uit eigen ervaring dat dit vaak op de werkvloer niet mogelijk is. Behalve dat het een gemiste kans is – uit rouw en lijden ontstaan vaak verrassende dingen – neemt het ook de menselijkheid in organisaties weg. Je mist een deel van het leven – rouw en betekenisgeving horen bij de cirkel van het leven. Vaak willen we in onderstaande cirkel de shortcut nemen: van afscheid nemen naar contact maken. We hebben geen ruimte voor rouw. Maar daar raakt je hart versteend van.

Opgestapelde, niet beleefde rouw kan een mens heel depressief maken en helaas komen er per dag steeds meer depressieve mensen bij. Om met de woorden van de Vlaamse psychiater Dirk de Wachter te spreken: 'Konden we maar een beetje ongelukkig zijn, dat zou de psychiaters veel werk schelen.'

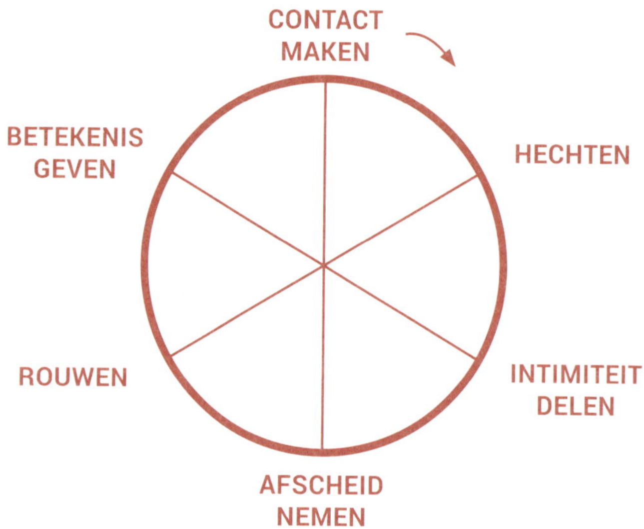

Is er ruimte om te slapen?
Slaap is essentieel voor een mens. Dan heb ik het niet over de eerdergenoemde dutjes van Churchill, maar gewoon gezonde slaap waarin je weer op adem komt en je lichaam zich herstelt. Jonge ouders, voel je niet bezwaard om je ouderschapsverlof op te nemen om alleen maar te gaan slapen.

Is er ruimte om de stille stroom op het spoor te komen?
Wanneer we steeds maar lawaai maken, komen we de stille onderstroom niet op het spoor. Het ritme dat in de natuur vastligt en waar we alleen maar mee hoeven mee te bewegen. Volgens de Belgische priester en psychotherapeut Eric Galle is die stille onderstroom het voortdurende gebed van God voor

de wereld.[55] Augustinus verwoordde het als volgt: Verlangen bidt altijd. Een onderstroom van verlangen. Vertaald naar de werkvloer: Is er nog ruimte om te verlangen? Is er nog ruimte om het verlangen van binnenuit te voelen opborrelen, in plaats van dat het van buitenaf opgelegd wordt?

Wat als hier nu allemaal geen ruimte voor is en jij dus ver boven of onder je genoeg zit? Denk dan aan de tweede trede. Adem je S.O.S. Besef dat jij genoeg bent, ondanks je onvolkomenheden. Durf ook eens een tijdje ongelukkig te zijn. Dat je daar niets aan hebt als je flink in een depressie zit, is te begrijpen. Zoek dan hulp. Doe het niet alleen. Zelf heb ik in moeilijke periodes veel gehad aan een oude neuroloog van tachtig jaar. Hij had zijn papieren altijd bijgehouden en ik kwam bij hem thuis op consult. Hij nam de tijd voor mij en stak een kaarsje voor mij op. Uiteindelijk was ik zijn laatste patiënt omdat hij stierf aan kanker. Ik schreef een roman over deze tijd, omdat hij mij door zijn aandacht en nabijheid de zin in leven had teruggegeven. Hij leerde mij dat het niet ging om genezen en presteren, maar dat ikzelf genoeg was.[56]

Is er nog ruimte om het verlangen van binnenuit te voelen opborrelen, in plaats van dat het van buitenaf opgelegd wordt?

Streven of leven

Alles wat vandaag op je pad komt, is genoeg. Dat zei een non tegen me toen ik als jonge moeder een paar dagen kwam bijslapen in het klooster. Maar ik sliep niet. Toch leerde ik die dagen kijken naar mijn genoeg. Een mooie wandeling. Een heel korte powernap met een wonderlijke droom. Ik leerde aandacht te schenken aan dat wat wel gebeurde, in plaats van wat ik niet had kunnen doen (slapen).

Wanneer je leeft vanuit je tekort, activeert dat je reptielenbrein.

Je bent continu in de actiemodus! Voor je het weet beland je in streven.
Wanneer je leeft vanuit het besef dat er genoeg is en dat jij genoeg bent, sta je opener in het leven om te ontvangen, hoe het zich ook aandient. Van streven naar leven brengt je rust.

Leven – Het kan wel of niet gebeuren	Streven – het mag niet mislukken
Ik zaai het goede en zie verwachtingsvol uit naar wat er gaat komen.	Ik ben gefrustreerd omdat er niet direct resultaat te zien is.
Ik pluk de dag, ik ben dankbaar voor wat ik vandaag mag ontvangen.	Ik kijk ontevreden naar morgen, vraag me af of er wel voldoende zal zijn.
Wanneer ik mij richt op het verwerven van een 'akker' doe ik dat met moedige vastberadenheid – met de adem die mij en de mensen om mij heen per dag gegeven is.	Wanneer ik mij richt op het verwerven van een 'akker' doe ik dat met verbetenheid. Deze keer zal het toch moeten lukken? Ik kom pas weer op adem wanneer het gelukt is.
Ik ben moe van mijn werk, maar rust ook weer uit. Iedere dag heeft genoeg aan zijn eigen kwaad.	Ik raak uitgeput van mijn werk en slaap slecht. Het lijkt alsof mijn leven een negatieve spiraal naar beneden is.

Er is genoeg, voor mij werd dit een nieuwe leefgewoonte om uit te leven. In mijn trainingen gebruik ik daar de term **QS** voor. Het staat voor **Quantum Satis** of **Quantum Sufficit**. Een Latijnse term die staat voor de hoeveelheid die nodig is. Het betekent niets anders dan: voeg zoveel van dit ingrediënt toe als nodig is om het gewenste resultaat te bereiken, maar niet meer. Ons grote probleem is dat wij vaak meer dan ons haalbare QS willen. Toen ik deze leefgewoonte omarmde, ontdekte ik ook hoezeer ik de verbinding met anderen nodig heb. In je eentje heb je namelijk niet vaak genoeg – maar samen wel! Lees het volgende Arabische sprookje er maar op na.

Het sprookje van de lepels

In het midden van de woestijn lag een heel klein koninkrijk. Eén oase was het, meer niet. Eén bron kon het hele koninkrijk water geven. Er was niet meer dan één ezel nodig om er helemaal doorheen te reizen. Jouw eigen stem was genoeg om een verhaal van de ene kant van het koninkrijk naar het andere te laten klinken. In dat kleine koninkrijk was niemand ooit ver van de ander verwijderd.

Lang geleden woonden er een koning en een koningin in dat koninkrijk dat niet alleen heel klein was, maar ook heel mooi. Ze hadden vier zonen en een dochter. De koning vertelde zijn kinderen altijd vol trots dat hij nergens anders liever zou willen wonen dan in hun eigen kleine koninkrijk. De prinsen en prinses vonden het er ook best fijn, maar ze waren ook nieuwsgierig naar de wereld buiten de woestijn. 'We willen meer van de wereld zien, andere mensen leren kennen, lessen leren die het leven brengt,' zeiden ze. 'Daarvoor hoeven jullie niet op reis,' zei de koning. 'Ik zal jullie de belangrijkste les leren die er te leren valt. Ik zal jullie laten zien wat echte liefde is, en dan weten jullie genoeg.'

Hij gaf zijn koks de opdracht de allerlekkerste soep te maken die ze kenden. Hij liet de timmerman een lange tafel maken en de smid moest veertig lepels smeden van wel een meter lang. Daarna nodigde hij veertig mensen uit voor een koningsmaal. Het waren allemaal mensen die de liefde op hun lippen droegen en er graag over spraken. Maar in hun hart droegen ze de liefde niet.

Die avond zaten de koning, de koningin, de vier prinsen en de prinses aan tafel met hun veertig gasten, allen afkomstig uit koninkrijken achter de woestijn. Voor hen stond een kom met de heerlijkste soep en daarnaast lag een lepel van een meter lang. Hongerig wilden ze beginnen aan de maaltijd, maar met die lange lepels kreeg niemand ook maar een hap binnen. Het werd een geknoei vanjewelste en aan het eind van de avond gingen ze alle veertig met een lege maag naar huis. Toen de gasten vertrokken waren, keken de kinderen van de koning hem vragend aan. 'Wacht maar,' zei de koning, 'morgen is er een tweede maaltijd. Ook daarvoor heb ik veertig bezoekers uitgenodigd uit de koninkrijken achter de woestijn. Maar deze dragen de liefde niet alleen op hun lippen, maar ook in hun hart.' De volgende avond zat de tafel weer vol. Ook deze nieuwe veertig bezoekers kregen een kom met heerlijke soep voorgeschoteld, waarnaast de lange lepel lag. Deze mensen dachten niet alleen aan hun eigen honger, maar ook aan die van de ander. Ze namen met de lange lepels wat soep uit de kom van de persoon tegenover hen en lieten die door diezelfde persoon proeven. Hun overbuurman deed dat ook bij hen en zo smulde iedereen van de heerlijke soep in dat kleine koninkrijk. Alle gasten vertrokken met een volle maag.

Tevreden zat de koning die avond in de oase. 'Hebben jullie het gezien?' vroeg hij zijn kinderen. 'Meer dan dit hoeven jullie niet te leren: als de liefde in het hart is, komt de soep vanzelf in de maag.'[57]

Terug naar Typhoon. Hij besloot open te zijn over zijn depressie en kwam in 2020 terug met een aantal nummers waarin hij zong over verwondering en leven vanuit genoeg. In de tijd van corona waarin alles stilligt, zingt hij over zijn *genoeg* in het nummer *Alles is gezegend.*

Wat nou als alles ertoe doet?
Zijn wij hier dan toch voor niets geweest?
Ik weet allang niet meer
Maar dat is precies genoeg

Alles is gezegend
Misschien komt alles goed
En alles heeft een reden
Al weet ik vaak niet hoe
Oh-oh-oh-oh-oh (Hey)
Ik weet niet wat we doen
Het lijkt genoeg

ONTHAASTING

- ✓ Het bier van Westvleteren proeven? Bezoek de website van de abdij Westvleteren en ga het onthaastende proces in van het bestellen van dit bier. Je hebt het morgen zeker nog niet in huis! Grote kans dat je ze niet direct te pakken krijgt. Ontdek bij jezelf wat dit met je doet.

- ✓ *Ik heb er genoeg van!* Die uitspraak kun je op twee manieren opvatten – maak voor jezelf een inventarisatie. Kun je snoeien in de eerste of er positief aan werken? Kun je van het tweede delen met anderen?

Hier ben ik helemaal klaar mee!	Hier heb ik genoeg van om te delen

- ✓ Dans vandaag met iemand, het liefst met een collega.

- ✓ Plan een retraite of stilteweek. In het laatste hoofdstuk van dit boek vind je nog meer praktische tips om de rust te ontdekken.

HOOFDSTUK 6

VAN KEUZEVRIJHEID NAAR GEHOORZAME VRIJHEID

Leer luisteren naar wat je
werkelijke verzadiging brengt,
dan maakt snelheid niet uit.

ALS JIJ EEN

VISIE

hebt maakt

SNELHEID

NIET UIT

Jane Acheloi groeide op in een gezin van negen kinderen. Als iemand mij iets heeft geleerd over doorzettingsvermogen is zij het wel. De muurschildering op haar huis staat dagelijks op mijn netvlies. Een schildpad en een antilope sieren haar woning en ze heeft ze er niet zomaar op laten schilderen.
Als vrouw in Oeganda is het logisch dat jij voor het gezin zorgt, maar Jane heeft van jongs af meer dromen dan dat. Haar visie is mensen te vertellen dat hun dromen waar kunnen worden; ze wil ze laten opstaan uit armoede. Als klein meisje weet ze het al: het liefst zou ze grote groepen door haar land rondleiden en zelf ook de wereld rondreizen.
Droom verder, Jane … zou je kunnen denken. Aanvaard dat jouw rol die van de zorgende vrouw is en leef je leven zoals het komt. Maar Jane leeft vanuit haar hart en ze heeft een visie. Ze doet een opleiding als secretaresse en houdt de droom in haar hart levend. Tijdens de terreur van het Leger van de Heer van Joseph Kony verliest ze een broer en een zus; zij worden doodgeschoten door de soldaten. De elf kinderen van haar broer komen onder haar verantwoordelijkheid. Elf kinderen! Houd op met dromen Jane …
Maar Jane heeft geen haast. Ze is ondertussen in aanraking gekomen met een organisatie die mensen helpt op te staan uit armoede. Deze organisatie werkt volgens het *Umoja*-principe. Ontdek je droom, inventariseer wat je nodig hebt en schakel een gemeenschap in om de droom waar te maken. Ze heeft een zaaimentaliteit en geeft haar droom elke dag water. Ze gaat werken op het hoofdkantoor, waar ze verantwoordelijk is voor het invoeren van het Umoja-programma in dorpen in Oeganda. Ze reist in de weekenden steeds 326 kilometer op en neer om voor de elf kinderen te zorgen. Het Umoja-principe past ze ook in haar eigen leven toe. Ze genereert inkomen door kippen en biggen te houden. Met de verkoop van eieren en het fokken en verkopen van varkens komt er geld binnen. Het gezin bouwt met de opbrengst twee huizen; een om zelf

in te wonen en een om te verhuren. Ook dat zorgt voor extra inkomen. De vastberadenheid van Jane valt ook op in de organisatie waar zij werkt: voortaan begeleidt zij groepen door Oeganda en reist zij de wereld over om te vertellen over dit prachtige principe – ze was ook al eens te gast in Nederland. Wat een geluksvogel ben ik dat ik een van degenen ben die zij mag rondleiden door Oeganda! Als ambassadeur van de ontwikkelingsorganisatie Tear trekken we langs allerlei projecten die werken volgens het Umoja-principe en leren wij van hen. Ze neemt ons mee naar dorpen die nog zijn opgetrokken uit klei. We ontmoeten trotse boeren en krachtige vrouwengroepen die alles wat ze hebben bij elkaar leggen om elkaars dromen uit te laten komen. Allereerst ontdek je je droom en je visie, vervolgens deel je die met elkaar, inventariseer je wat je nodig hebt en schenk je elkaar het vertrouwen om het met elkaars middelen te proberen. Neem een vrouw die een droom heeft een naaiatelier te starten. Ze heeft alleen geen geld om iets te kopen. Een groep vrouwen gaat achter haar droom staan en ze doneren het weinige wat ze hebben. Omdat het ook hun geld is, stimuleren ze elkaar. De saamhorigheid die ik tegenkwam in deze projecten, heeft een onuitwisbare indruk op me gemaakt. Evenals de muurschildering die Jane liet schilderen op een van haar zelfgebouwde huizen. Op de schildering zie je een schildpad en een antilope op weg naar water. Jane: 'De één is snel, de ander langzaam. Maar dat maakt niet uit. Ze komen allebei uit bij het water; want dat is hun doel. *With a vision, speed doesn't matter.*' Zolang je aan je visie vasthoudt, maakt snelheid niet uit. Zoiets zul je in het Westen niet gauw horen; het draait namelijk altijd om snelheid. Snel, sneller, snelst. Zo snel, dat de menselijke maat verdwijnt en daarmee ook de saamhorigheid die je hier in Oeganda vindt. Dat valt Jane steeds weer op tijdens haar buitenlandse reizen. 'Waar is de gemeenschapszin gebleven?' Bij een bezoek aan Engeland is ze eerst van slag door de rijkdom die ze daar aantreft. ‘Ik was boos op God,’ vertelt ze. ‘Waarom had Hij het in de wereld zo oneerlijk verdeeld?’ Maar op de terugreis heeft ze heel andere gedachten. ‘Wat zijn

Wat kunnen ze veel van ons leren. Ze zitten allemaal in hun eigen huizen en hebben geen tijd hun leven en dromen te delen. Dat is pas armoede.

die mensen hier veel kwijtgeraakt. Wat kunnen ze veel van ons leren. Ze zitten allemaal in hun eigen huizen en hebben geen tijd hun leven en dromen te delen. Dat is pas armoede.’

Gehoorzame vrijheid

Willen een antilope en schildpad uiteindelijk uitkomen bij het water, dan moeten ze wel koers houden. Ze moeten trouw zijn aan hun visie, hoe snel of langzaam het ook gaat – anders drogen ze uit. En zo werkt het ook bij mensen. Het is een kunst om de drang van de drukte te weerstaan en te bewegen naar en vanuit jouw werkelijke visie en waarden. In een wereld vol keuzemogelijkheden is dat geen sinecure. Er wordt je van alles aangeboden en voor je het weet volg je een visie waar je helemaal niet achterstaat. Het vergt innerlijke weerbaarheid om bij jouw waarden, of die van de organisatie te blijven – zelfs in de heel kleine dingen. In de zorg lopen veel mensen hier tegenaan. Ze willen mensgerichte zorg geven, maar het systeem zorgt ervoor dat ze verzanden in cijfers en protocollen. Veel mensen branden hierdoor op. Dat is een serieus probleem voor onze hele maatschappij; want wie staat er straks aan jouw bed om de juiste zorg te verlenen? Daarom is het essentieel om het gesprek over waarden steeds weer op de kaart te zetten. De zogenaamde keuzevrijheid die we hebben verworven zorgt namelijk voor een vreemde paradox. Het lijkt alsof we meer 'vrijheid' hebben gekregen, maar de vele mogelijkheden die zich aan je voordoen, kunnen je juist van je vrijheid beroven. Het lijkt alsof je niet echt leeft, als je er niet aan meedoet. Je kunt alles kiezen, dus dan moet je dat naar je gevoel ook doen. Je moet alles uit het leven halen en voor je het weet ben je een onvrij mens. In de monastieke traditie heeft men het liever niet over keuzevrijheid als groot goed, maar over 'gehoorzame vrijheid.'

Abt Christopher Jamison van Worth Abbey, een benedictijner klooster in Sussex nodigt uit om te luisteren naar datgene dat je tot een vrij mens maakt.[58] In het woord 'gehoorzaamheid' zit het woord 'horen'. In plaats van slaafs de keuzevrijheid die je wordt aangeboden te volgen, is het beter om goed te luisteren naar de stemmen die er zijn en te leren onderscheiden welke stem je naar werkelijke vrijheid voert. Dit is een dubbele oefening in vrijheid: de vrijheid om te onderscheiden en de vrijheid om te kiezen. Deze onderscheidende gehoorzaamheid noemt hij 'gehoorzame vrijheid.' Wanneer we zo gaan leven, wordt de wereld veelkleuriger. Mensen komen dicht bij zichzelf, in plaats van anderen te kopiëren. Daarbij citeert Jamison zijn collega trappistenmonnik Thomas Merton: 'Men slaagt er niet in zichzelf te zijn omdat het makkelijker is iemand anders te zijn en omdat men liever het succes van iemand kopieert dan

Men slaagt er niet in zichzelf te zijn omdat het makkelijker is iemand anders te zijn en omdat men liever het succes van iemand kopieert dan het eigen falen te riskeren.

het eigen falen te riskeren. Hard werken om iemand anders te kopiëren is niet onbaatzuchtig. Men wil zichzelf in korte tijd groot maken door na te bootsen wat populair is. Haast maakt kunstenaars en heiligen kapot. Ze willen snel succes hebben en hebben zo'n haast het te krijgen dat ze geen tijd meer over hebben om trouw aan zichzelf te zijn. Met "druk zijn" vermijd je het om trouw aan jezelf te zijn. Het verlangen om te stoppen met het te druk hebben gaat samen met het verlangen trouw te zijn aan zichzelf.'

Luisteren, hoe doe je dat?

Gehoorzame vrijheid, dat klinkt als een mooi ideaal. Maar hoe doe je dat, goed luisteren? Moet je luisteren naar je hart en dat volgen, want dat klopt altijd – zoals populaire quotes beweren? Zo simpel is het niet, want in ons hart huizen soms tegengestelde verlangens en behoeftes. Het is belangrijk naar je emoties en gevoelens te luisteren, maar dat betekent niet dat je ze zomaar moet gehoorzamen. We zijn geschapen in verhouding tot anderen; het is belangrijk om trouw aan jezelf te verbinden met liefde voor anderen.

Je kunt elkaar 'tevoorschijn' luisteren. Henri Nouwen noemt luisteren zelfs een van de belangrijkste elementen in een genezingsproces van mensen – hij pleit ervoor dat artsen meer ruimte nemen om te luisteren zodat ze daardoor een goede diagnose kunnen stellen. Het woord 'diagnose' bestaat uit twee delen: *gnosis* = weten, *dia* = door en door. Wanneer je luistert, kun je iemand doorgronden. Je geeft mensen die door ziekte een vreemde geworden zijn voor zichzelf de ruimte om hun eigen verhaal weer op het spoor te komen en de draad te volgen. Genezen is ruimte bieden voor een verhaal. Zo werkt het ook met luisteren naar je eigen verhaal; neem er de ruimte voor. En beter nog: deel je verhaal met anderen, zodat zij je kunnen helpen.

Niet alle soorten luisteren zijn heilzaam voor een mens. Je hebt verschillende manieren van luisteren.

1. *Niet luisteren*
   Je doet net alsof je luistert, maar het gaat het ene oor in en het andere uit. Je bent met je gedachten ondertussen ergens anders en niet bij het verhaal van de ander.
2. *Autobiografisch luisteren*
   Je luistert vanuit jouw eigen referentiekader. Wanneer de ander iets noemt, koppel je dat direct aan een verhaal van jezelf. In plaats van door te vragen, kom je met je eigen verhaal. Het kan een gesprek zijn vol herkenning, maar echt luisteren gaat een stap dieper.
3. *Actief luisteren*
   Wanneer je actief luistert, gebruik je vaardigheden als luistergeluiden, doorvragen en samenvatten. Je laat je gesprekspartner weten dat je begrijpt wat hij of zij vertelt.
4. *Empathisch luisteren.*
   Bij empathisch luisteren ga je neerzitten bij de ander. Je stelt jezelf open om de ander te 'ontvangen' zoals een gastheer zijn gast ontvangt. Je stelt soms een vraag en geeft terug wat je hoort. Daarbij luister je ook naar de emoties in het verhaal. Je stelt een stukje van je eigen hart open voor het verhaal van de ander. De ander komt 'thuis' en van daaruit komen er vaak nieuwe inzichten en is er nieuwe beweging mogelijk. Je komt niet direct met oplossingen – hoewel je daar in een later stadium best samen naar kunt zoeken. Maar eerst luister je. Wat zijn de emoties en behoeftes van de ander? Je hoeft het niet eens te zijn met de ander; begrip hebben is iets anders dan het eens zijn met elkaar.
   Hierdoor komt er vertrouwen, respect en openheid tussen mensen. Op de werkvloer leidt het tot betere samenwerking.[59]

Luisteren en rust zijn vrienden

Het zal je niet verbazen dat rust een belangrijke speler is in het empathisch luisteren. Voor deze vorm van luisteren heb je aandacht en ruimte nodig, geen drukte en haast. Dit geldt voor het empathisch luisteren naar anderen, maar ook voor het empathisch luisteren naar jezelf! Het mooiste voorbeeld van echt luisteren, maakte ik zelf mee in de periode toen ik burn-out was. Ik bezocht in die periode arts na arts, maar niemand had echt de ruimte en tijd om naar mij te luisteren. Dat zorgde bij mij voor een diep gevoel van eenzaamheid en depressie. Totdat ik terechtkwam bij de oude neuroloog die ik al eerder noemde. Hij had de tijd en nam ook de tijd voor mij – stukje bij beetje kwam ik bij hem weer op verhaal. Hij ontdekte neurologisch gezien niet direct wat mij mankeerde, maar gaf me zicht op wie ik was los van mijn kwalen. Daarbij nam hij me in elk consult uiterst serieus en er ontstond een bijzondere verstandhouding tussen ons, op basis waarvan ik uiteindelijk ook de roman *De laatste patiënt* schreef. Deze arts schonk mij een wezenlijk proces; rust om te aanvaarden wie ik was, mét mijn kwalen – een groots geschenk.

Deze arts schonk mij een wezenlijk proces; rust om te aanvaarden wie ik was, mét mijn kwalen – een groots geschenk.

Uit onderzoek blijkt dat mensen die meer rust nemen, hersendelen activeren die hen in staat stellen betere morele keuzes te maken en empathischer te reageren. Een brein in rust betekent niet dat je hersenen niet aan het werk zijn; een ander déél van je hersenen wordt actief, ontdekte professor Marcus Raichle.[60] Wanneer je gewoon maar een beetje in de verte staart, wisselt je brein naar de standaardmodus of *defaultmode* – wie in dat deel van de hersenen door rusten 'werkt' aan betere verbindingen heeft daar op allerlei vlakken veel profijt van. Zo scoren mensen die betere 'rustverbindingen' hebben hoger op empathie en inlevingsvermogen. Kinderen die deze verbindingen niet hebben meegekregen in hun kindertijd, hebben bovendien meer kans op psychosomatische klachten.[61] Rust is dus belangrijk voor je ontwikkeling en gezondheid. Het stelt je bovendien in staat beter te luisteren; en dat is essentieel in het volgen van je visie.

Vechten of vrede?

Wil je een verschil maken in de wereld? Neem rust, leer luisteren, onderscheiden en werken vanuit die rust. Onderstaand plaatje kan je daarbij helpen. Voel jij je opgejaagd of aangetrokken? Richt je op datgene dat je liefdevol trekt richting je hart, je medemens en de wereld.

Voel jij je opgejaagd of aangetrokken?

Wanneer je dat doet en werkelijk luistert, kan je leven een drastische wending nemen! Dat merkte Ignatius van Loyola (1491-1556), oprichter en eerste overste van de Jezuïetenorde. Daarvoor was hij een Spaanse edelman die hield van vechten en vrouwen. Toen hij gewond raakte aan zijn been bij de belegering van Pamplona moest hij lange tijd revalideren. Het was een tijd van rust en hij begon uit verveling boeken te lezen die hij anders nooit ter hand zou hebben genomen. Wanneer hij boeken las met heldenverhalen voelde hij zich opgejaagd. Wanneer hij las uit de Evangeliën en heiligenlevens raakte hij diep verzadigd. Op zijn ziekbed ontdekte hij genade: zonder dat hij iets deed, verzadigde iemand hem, hij besefte dat dit God moest zijn. Hij bekeerde zich, maar was heus niet direct veranderd. Was hij eerst een streber op het slagveld geweest, nu werd hij net zo'n streber in het geloof. Zijn boetedoening en vasten leverden hem zelfs een levenslange maagzweer op! Toen ontdekte hij dat 'geloof' op zichzelf je niet bij een verzadigd leven brengt. Goede daden maken je geen beter mens en je kunt een gelukkig leven niet 'verdienen.' Elke keer weer keerde hij terug naar dat eerste moment van zijn bekering; hij ontving om niet. Je ziet deze kern ook terugkomen in rusten: je doet niets en toch gebeurt er wat. Rust is een geschenk dat je elke keer opnieuw weer mag uitpakken. Kijk uit dat je met rusten niet opnieuw iets wilt gaan 'verdienen'; het zou je zomaar kunnen afleiden van het werkelijke geschenk dat rust in zichzelf is. Het is opvallend dat de Christus waar Ignatius in ging geloven zich aanbiedt als wijkplaats van rust. 'Kom tot Mij,' zegt Hij, 'allen die vermoeid en belast zijn. Kom bij mij, en ik zal je rust geven.'[62] Ignatius maakte van zijn leven een zoektocht naar deze Christus bij wie hij steeds wilde terugkeren – dit werd zijn visie.

Hoe ontdek je je visie?

Jouw visie vertelt waar je heen wilt in de toekomst. Visie ontstaat niet zomaar en het nemen van rust is van levensgroot belang bij het ontwikkelen ervan. We zijn in staat om te dromen over de toekomst, ons die te verbeelden en een visie te ontwikkelen, omdat we ook herinneringen hebben uit het verleden. Bij dit 'reizen in de tijd' is rust essentieel. We vergeten veel van wat we meemaken, maar datgene waar we regelmatig aan terugdenken, waar we over spreken of schrijven, verankert zich in onze hersenen – met name tijdens periodes van rust, of wanneer we bewust bij iets stilstaan.[63] Door rust wordt het geheugen versterkt. Wanneer we ruimte nemen om te dagdromen over wat we graag willen, versterken proteïnen onze neuronetwerken rondom deze herinnering. Geen verbeelding zonder herinnering en onze verbeelding noemen onderzoekers ook wel het geheugen van de toekomst! [64]

Volgens neurowetenschapper Michel le van Quyen zijn de vele gedachten in ons hoofd de prijs die we betalen voor ons vermogen om door de tijd te reizen. Wanneer we niet zouden kunnen denken, herinneren en dromen, waren we niets anders dan slimme robots die gegevens konden verwerken in het hier en nu. Maar we zijn meer dan robots: we kunnen dromen en de toekomst vormgeven met een visie. Verbeelding geeft ons veerkracht en stelt ons in staat moeilijke dingen in het leven aan te gaan – ook wanneer je ouder wordt. Wanneer je visie bekijkt vanuit een spirituele kant, spreken sommige mensen ook wel van 'roeping'. Ze voelen diep van binnenuit een 'verlangen' en een 'roep' om ergens gehoor aan te geven. Vaak heeft die roeping te maken met je diepste behoeftes – daar waar je herinneringen liggen aan behoeftes die bijvoorbeeld nooit zijn vervuld. Achter je grootste angst ligt je grootste levenskracht, zoals de monnik Anselm Grün zegt. Wat mijn eigen leven betreft: ik denk niet dat ik over stilte was gaan schrijven wanneer ik er niet eerst enorm mee geconfronteerd was geweest. En waarom kreeg juist Jane Acheloi het verlangen om mensen te helpen opstaan uit armoede? In de toekomst klinkt vaak de echo van ons verleden door. Wanneer je een heftig verleden hebt gehad, wil je daar soms het liefst van wegrennen – maar dan ren je ook weg bij jezelf. Herinneringen maken onderdeel uit van je geschiedenis en wanneer je ze leert aanvaarden, zouden er wel eens bijzondere dromen uit kunnen voortkomen. Neem daarom de ruimte om op een goede manier bij herinneringen stil te staan in plaats van ze weg te stoppen; elke herinnering vergroot je droomgebied. Zo werk ik heel graag samen met een masseuse die in haar verleden seksueel

Herinneringen maken onderdeel uit van je geschiedenis en wanneer je ze leert aanvaarden, zouden er wel eens bijzondere dromen uit kunnen voortkomen.

misbruik meemaakte. Zij besloot dit omgekeerd in te zetten om mensen te bemoedigen met liefdevolle aanraking – ze is een van de krachtigste mensen die ik ken in haar vakgebied.

Wil je jouw visie of die van je bedrijf ontdekken, sta dan eens stil bij vier dingen:

1. Waar kom jij vandaan?
2. Wie ben jij in het hier en nu?
3. Waar wil je heen?
4. Hoeveel tijd gun jij jezelf daarvoor?

Waar kom je vandaan?
Jouw verleden doet ertoe. Alles wat je hebt meegemaakt, is onderdeel van jouw grond. Dit is de grond waarop jij droomt en van waaruit dingen ontstaan. Ben je vroeger bijvoorbeeld gepest, dan kan het zijn dat jij mensen anders wilt behandelen. Deze herinnering uit het verleden kleurt je toekomst en je visie. Omarm je herinneringen, ook je nare. Misschien hadden dingen niet zo moeten of mogen gaan in het verleden, maar onder al deze herinneringen zit een schat voor de toekomst.

Wie ben jij in het hier en nu?
Wie ben jij vandaag los van wat je doet en hebt? Hoe kijk je naar jezelf los van je bezittingen en status? Die vraag is voor veel mensen heel moeilijk te beantwoorden. Het is waardevol om deze ontdekkingstocht aan te gaan. Vaak denken we dat we zijn wat we hebben en doen. Wanneer dat plotseling wegvalt (bij een crisis) kan het zomaar zijn dat je visie ook wegvalt. Maar jij bent meer dan je hebt en doet. Je bent een mens met waarden, verlangens en behoeftes die je elk moment kunt inzetten.

Waar ga jij naartoe?
Wanneer je aan het einde van je leven terugkijkt, waar wil je dan een bijdrage aan geleverd hebben?

Zelf hoop ik dat mensen ontdekken dat ze geliefd zijn, los van wat ze doen. Deze visie komt voort uit mijn verleden waarin ik op de lagere school werd gepest. Ik was niet genoeg – ik kreeg het gevoel dat ik me anders moest gedragen om erbij te horen. Maar dat lukte me niet. Stukje bij beetje mocht ik leren dat ik een voldoende was – ook zonder dat ik iets presteerde. Meer nog: ik ontdekte een onwaarschijnlijke liefde – een herontdekking van God vanuit een totaal ander perspectief. Vanuit die rust van er mogen zijn, kwamen er dingen tot stand die ik zelf niet had durven dromen – zoals het schrijven van al mijn boeken. Deze visie kleurt mijn werk, maar bijvoorbeeld ook mijn moederschap. Ik ben geen moeder die elke dag de boterhammen smeert – mijn visie ligt wat minder in de hoek van verzorgen, maar eerder van op eigen benen zetten en laten wortelen in hun geliefd-zijn. Zo kan jouw visie dus meerdere vlakken van je leven kleuren. Je hoeft ook niet allemaal dezelfde visie te hebben of visies tegenover elkaar te zetten – wel kun je elkaar met je visie scherpen. Zo ontdek je meer van de liefde, want de liefde kent meerdere facetten.

Hoeveel tijd gun jij jezelf daarvoor?
Hoeveel tijd gun jij jezelf voor het volgen van je visie? Vaak denken wij bij een visie in een lineair proces met een begin- en eindpunt. Maar wanneer je werkelijk vanuit je visie leeft, is er geen eindpunt, alleen een beginpunt. Jij leeft al vanuit je bestemming en mag spelenderwijs ontdekken waar je dat allemaal nog meer gaat vormgeven. Geen rechte lijn dus, maar een cirkel, waarin je steeds weer terugkeert naar je visie. Dat mag ook af en toe faliekant mislukken. Gun jezelf de dagen dat je weer opkrabbelt om opnieuw je visie te volgen.

Sommige mensen beweren geen visie te hebben – dat komt meestal omdat ze er veel te groot bij denken. Ze denken dat je pas een visie hebt bij een groots meeslepend leven. Je visie zit in kleine daden verborgen. Wanneer jij er voor jezelf geen kunt benoemen; wees dan een enthousiaste volger van mensen

Je visie zit in kleine daden verborgen. Wanneer jij er voor jezelf geen kunt benoemen; wees dan een enthousiaste volger van mensen die aansluiten bij jouw diepste verlangen.

die aansluiten bij jouw diepste verlangen – het is prachtig als mensen met hetzelfde verlangen zich bij elkaar aansluiten.

De les van de schildpad

Laten we nog even terugkeren naar de schildering op het huis van Jane in Oeganda. Wanneer je zou mogen kiezen: was je dan liever die antilope of die schildpad? Juist ja, ik ook. Vrij op vier benen snelheid kunnen maken, dat lijkt me wel wat. Onderschat alleen niet wat je van een schildpad kunt leren! In het boek *The Why Are You Here Café* raakt serveerster Casey in gesprek met de gedesillusioneerde zakenman John.[65] Ze vertelt hem dat een van haar belangrijkste levenslessen van een groene zeeschildpad komt.

'Ik was aan het snorkelen voor de kust van Hawaï – een geweldige plek met duizenden vissen in alle kleuren van de regenboog, van neonblauw tot dieprood. Toen ik naast een rotspartij op dertig meter van het strand vandaan dook, zag ik ineens een grote groene zeeschildpad naast me zwemmen. Het was geweldig! Ik maakte mijn duikbril boven water goed schoon en ging op mijn buik in het water drijven zodat ik hem goed kon zien. Hij zwom weg van de kust en ik besloot hem een tijdje te volgen, boven water mee zwemmend. Hij leek helemaal niet zo snel te gaan, soms leek het zelfs alsof hij tot stilstand kwam. Maar al snel had ik moeite om hem bij te houden en hoewel ik zwemvliezen droeg, zwom hij langzaam maar zeker van me weg. Na een minuut of tien was ik hem kwijt. Uitgeput, teleurgesteld en opgelaten omdat het me niet gelukt was om een schildpad bij te houden, keerde ik om en zwom terug naar het strand. De volgende dag keerde ik terug naar dezelfde plek en ik had geluk: na een halfuur zag ik een grote school zwart-gele vissen en daarna zwom er weer een groene zeeschildpad. Opnieuw lukte het me niet om hem bij te houden, daarom stopte ik en terwijl ik hem nakeek, begreep ik opeens wat het geheim van de schildpad was: hij paste zijn bewegingen aan het water aan. Elke keer wanneer er een golf naar het strand rolde en hij daartegenin moest zwemmen, hield hij een beetje in en zwom alleen hard genoeg om niet meegesleurd te worden. Wanneer hij voelde dat de golfbeweging de goede kant opging, begon hij weer mee te peddelen. Zo liftte hij mee op de beweging van het water. De reden waarom ik hem niet bij kon houden, was omdat ik voortdurend zwom, wat de stroombeweging van het water ook was. Hoe langer ik tegen de stroom in zwom, hoe sneller ik moe werd; mijn zwembewegingen werden steeds minder efficiënt. De schildpad bleef zich aanpassen en bewoog mee met de stromingen van het water; op de lange duur zwom hij sneller dan ik en kon hij het veel langer volhouden.'

Zie je het beeld voor je? Natuurlijk is er in je leven van alles dat je van je visie afhoudt; de ene keer zijn het mensen, de andere keer omstandigheden. Voor je het weet ben je daartegenin aan het zwemmen; je gebruikt je energie voor inkomende problemen, in plaats van voor je uitgaande mogelijkheden je visie te volgen.
Richt je op wat liefdevol trekt, neem wat gas terug bij tegenslag en zwem rustig door. Zie je jezelf al gaan door het azuurblauwe water, omringd door talloze vissen? Neem even ruimte om te dobberen op je rug in het water, je blik gericht op de hemel en denk met een glimlach aan die groene zeeschildpad.

ONTHAASTING

✓ Richt je op wat liefdevol trekt. Wat is dat vandaag?

✓ Op welke plekken in het leven ontvang jij verzadiging voor niets? Maak dit tot belangrijke pleisterplaatsen!

✓ Ga vandaag een paar keer op je handen zitten waar je eigenlijk wilde spreken en luister. Wat gebeurt er?

✓ Doe de schommelstoeltest:

Waar wil je later met een glimlach aan terugdenken?
Mocht je een gezonde tachtigjarige worden, welke herinneringen zou jij dan willen hebben? Bedenk eens dat je met een kop thee of koffie in een schommelstoel op de veranda zit. Welke dingen zou je dan absoluut in je leven gedaan of gelaten willen hebben?

HOOFDSTUK 7

KIES VOOR NEDERIGE GEWOONTEVORMING

Wees groots in kleine gewoontes.
Het alledaagse leven brengt je ver.
Je kunt de wereld besmetten met
kalmte in plaats van haast.

wees GROOTS IN KLEINE gewoontes

Ze is inmiddels wereldberoemd, breekt in Amerika record na record en kan het zelf amper bijbenen. Bij de Grammy Awards viel ze in de prijzen, ze won de American Music Award en wordt regelmatig vergeleken met Adèle. Wanneer je haar nog niet kent, zoek het nummer *You Say* van Lauren Daigle en luister het eerst even. Bekijk het liefst de officiële muziektrailer van dit nummer, waarin Lauren op de hoek van de bank zit. Niks geen poespas, gewoon een jonge vrouw die uit het raam kijkt en die zich afvraagt wie ze is. Dit lied kwam tot stand na een sabbatical van twee jaar. Na het uitbrengen van haar debuut-cd *How can it be* in 2015 stond haar leven plotseling op zijn kop. Ze bestormde de hitlijsten en werd plotseling veel gedraaid. Ze voelde de druk van de verwachtingen – haar volgende nummers moesten natuurlijk alles overtreffen – en raakte uitgeblust. 'Maak ik wel waar wat er over mij geschreven en gezegd wordt? Kortgeleden was ik nog serveerster en nu stond ik op een rode loper met prijzen. Wie was ik?'[66] Ze nam een sabbatical en vertrok naar haar geboorteplaats Lafayette in Louisiana. 'Als alle aandacht en succes wegvalt, wat blijft er dan nog van je over?' vroeg ze zich af. Ze beschreef haar gedachten in een dagboek en zo ontstond *You Say*. Inmiddels bereikt ze met deze song een miljoenenpubliek. In de twee jaar dat ze rust nam, leerde ze hoe ze overeind moest blijven – door terug te keren naar haar diepste kern als geliefd mens, door te luisteren naar de enige stem die voor haar belangrijk is. En ze blijft eenvoudig. Ze bekende in een interview dat ze altijd een speelgoedpoppetje met zich meedraagt: Mister Potatohead, een aardappel met een gezicht en een bolhoed, bekend uit de *Toy Story*-films. Als ze naast haar schoenen gaat lopen, pakt ze hem erbij. 'Die aardappel ben ik. Ogen, oren, snor en hoofddeksel: je kunt er van alles aan toevoegen, maar het blijft er komisch uitzien.'

In de muziekwereld is het ook interessant om het leven van Elton John eens te bekijken. De Engelse popzanger is een van de best verkochte artiesten aller tijden. Alleen al van de heruitgave van de single *Candle in the wind* werden meer dan 33 miljoen exemplaren verkocht. In 2019 verscheen de film *Rocketman* over zijn leven en carrière. Elton John ontwikkelde deze samen met scenarist Lee Hall en het is een indrukwekkend document van een man die worstelt met zijn jeugd, zijn geaardheid en de roem die hem overkomt. Hij raakt zichzelf volledig kwijt en gaat bijna ten onder aan drank- en drugsmisbruik. Maar hij vraagt hulp en komt door middel van therapie van zijn verslavingen af. 'Hulp vragen was het moeilijkste en het beste wat ik ooit heb gedaan,' zegt hij daar later als 72-jarige over. Na zijn break komt hij met het nummer *I'm still standing.*

Don't you know I'm still standing better than I ever did
Looking like a true survivor, feeling like a little kid
I'm still standing after all this time

Hij is in staat om het beschadigde kind in zichzelf te omarmen en een plek te geven in zijn werk en leven. Natuurlijk zijn Lauren Daigle en Elton John een soort superhelden. Ze laten in uitvergrote vorm zien waar ieder mens mee kan worstelen. Wie ben ik als niemand kijkt? Tel ik nog mee als ik niets doe? Het waren vragen waar ik zelf ook mee worstelde tijdens mijn eigen burn-out. Ik was journalist en wilde nog veel meer doen met schrijven, maar kon mijn armen niet meer gebruiken. Zelfs de luiers van mijn eigen kind kon ik in die periode niet verschonen. Ik zat totaal aan de grond. Daar, op de bodem van de put ontdekte ik wie ik ben als ik niets heb en kan. Ik herontdekte mijn adem – dat was naar mijn gevoel het enige dat me niet afgenomen werd. Ik ademde, dus ik bestond. Het herontdekken van je bestaansrecht, los van wat je doet en hebt, is een van de mooiste dingen die mij ooit is overkomen. Daar ligt mijn grootste 'succes', de kern van waaruit alles is

ontstaan. De dokters zeiden me dat ik er maar rekening mee moest houden dat ik nooit meer een boek zou schrijven – ik had het lichaam van een tachtigjarige, zo vertelde één van hen mij. Dat was weinig bemoedigend. Geloof niet alle diagnoses die mensen over je uitspreken – inmiddels heb ik meer dan twintig boeken op mijn naam staan, geschreven zonder spraakherkenning, mét de armen waar ik destijds niets mee kon. Elk boek is voor mij een cadeau, maar niet zo groot als het cadeau dat ik in die periode ontving: het herontdekken van wie ik ben als ik niets doe. Ik ben een human *being* in plaats van een human *doing,* geschapen om te 'zijn' en van daaruit te creëren, in plaats van andersom!
Maar ik ben eigenwijs. De oude neuronetwerken in mijn hoofd zeggen me nog steeds dat ik besta om te presteren. Wat ik nodig heb is gezonde nederige gewoontevorming. Eerst neem ik je mee naar het woord 'gewoontevorming', daarna laat ik je zien waarom nederigheid je naar echte rust brengt.

Gewoontes

Ook al ontvang jij in je leven een inzicht dat het roer om moet – dan is dat weinig waard zonder de uitvoering ervan. Het is alsof je een mooi plaatje van een prachtig landhuis in je hoofd hebt, maar niet bereid bent om stenen te sjouwen om het huis te bouwen. Wanneer het huis niet wordt gebouwd, zul je er nooit in wonen. Wanneer je blijft doen zoals je altijd

95 procent van ons gedrag bestaat uit gewoontevorming en daarmee zijn gewoontes helemaal niet zo gewoontjes Ze vormen een raamwerk van je leven.

hebt gedaan, zul je leven zoals je altijd hebt geleefd. Positieve gewoontevorming kan je helpen bij leven in plaats van streven. 95 procent van ons gedrag bestaat uit gewoontevorming en daarmee zijn gewoontes helemaal niet zo gewoontjes.[67] Ze vormen een raamwerk van je leven. Je ziet het de monniken doen wanneer ze in kloosters steeds hun dagelijkse diensten houden; ze willen daarmee oefenen om 'hoorzaam' te zijn aan hun visie. Vergeet daarbij niet de basis van het raamwerk: genade. Jij bent al geliefd voordat je ook maar iets doet of je je een gewoonte eigen maakt. De kunst is om gewoontes je spelenderwijs eigen te maken, zonder dat het krampachtig wordt. Daarbij is focus ook enorm belangrijk, denk aan de lessen van Kierkegaard eerder in dit boek. Wanneer je ergens voor kiest, stá dan voor je keuze en wees bereid om er ook dingen voor te laten. Een prachtige spreuk daarover vind je in het apocriefe bijbelboek Jezus Sirach 6: 19-31:

> *Zoals iemand die ploegt en zaait, zo moet je de wijsheid benaderen. Je moet weten te wachten op haar goede vruchten. Steek je voeten in de boeien van de wijsheid, zet je schouders eronder en neem haar op. Ten slotte zul je rust bij haar vinden en zal zij voor jou tot vreugde worden. Haar boeien worden een machtige bescherming en haar ketenen een prachtige versiering.*

Wanneer je met een goede gewoonte start, weet dan te wachten op de goede vruchten. Dat is soms niet makkelijk in een maatschappij waarin je een *quick fix* wordt beloofd en waarin je wordt uitgedaagd om op heel veel verschillende fronten jezelf te verbeteren – het liefst binnen een korte periode. Misschien kijk je met verwondering en verbazing naar mensen die het wél lukt; hoe hebben zij dat voor elkaar gekregen? Grote kans dat dit zo is omdat ze een kleine goede gewoonte steeds hebben herhaald. Door dat te doen heb je grote kans een expert te worden. De Zweedse psycholoog Karl Anders Ericsson deed samen met twee collega's onderzoek naar opzettelijke gewoontevorming en oefening onder studenten op het conservatorium.[68] Degenen die excellent presteerden hadden een aantal dingen gemeen ten opzichte van de gemiddelde studenten: ze herhaalden en oefenden opzettelijk wat ze graag wilden leren, dag aan dag. Terwijl ze dit oefenden, werden ze steeds beter. Dat oefenen kan niet de hele dag, want je moet het geconcentreerd doen en van concentratie heb je niet heel veel voorhanden. Deze excellente studenten sliepen ook meer dan de 'gewone' studenten. Ze bedachten goed hoe ze hun tijd indeelden en gebruikten rust en oefening in de juiste balans. Zoals psycholoog Carl Emil Seashore aan zijn muziekstudenten adviseerde:

> *The command to rest is as fully important as to work in effective learning. And in general we say: work while you work, play while you play.*[69]

De opdracht om te rusten is dus net zo belangrijk als de opdracht om effectief te leren! Kleine stapjes is het devies. De studie van Ericsson werd ook gebruikt door de populair wetenschappelijke auteur Malcolm Gladwell. In zijn boek *Outliers* schrijft hij over de factoren die ervoor zorgen dat je succes behaalt. Hij stelt dat tienduizend uur oefenen meewerkt om steengoed te worden in je vak. Neem schaaklegende Bobby Fischer of Bill Gates of de Beatles; zij hadden meer dan tienduizend uren in hun passie gestoken voordat iemand maar van ze hoorde. Overigens is het niet zo dat je per definitie succesvol wordt als je tienduizend uur achter elkaar oefent; daar spelen nog veel meer factoren een rol bij. Maar gewoontevorming is wel een belangrijke factor in succes en daarbij moet je de gewoonte om goede rust te

Prestaties van wereldklasse komen voort uit 10.000 uur van opzettelijke oefening, 12.500 uur opzettelijke rust en 30.000 uur rusten.

nemen niet onderschatten, zo betoogt Alex Soojung-Kim Pang.[70] Het onderzoek onder de muziekstudenten liet zien hoe ze hun vrije tijd invulden en dat ze meer sliepen. 'Prestaties van wereldklasse komen voort uit 10.000 uur van opzettelijke oefening, 12.500 uur opzettelijke rust en 30.000 uur slapen.'

Leefregels of leefbeloftes

Om rust en gewoontevorming een natuurlijk onderdeel van mijn leven te laten zijn, werk ik zelf al jarenlang met #oneword per jaar. Ieder jaar kom ik tijdens mijn stilte-tijd een woord op het spoor waar ik meer over wil leren en wat ik wil laten wortelen in mijn leven. Daarbij zoek ik drie leefregels of nieuwe gewoontes die me helpen dat woord uit te leven. Door die leefregels te oefenen, leer ik meer over het woord. In het jaar dat ik aan het werk ging met het thema 'begrenzing' had ik als gewoonteregel dat ik drie keer per week op mijn handen zou gaan zitten waar ik eigenlijk wilde spreken – een uitdaging voor mij. Ook besloot ik na half tien 's avonds niet meer op sociale media te surfen en zette ik een programma op mijn telefoon dat dit onmogelijk maakte. Met deze gewoontes ging ik oefenen en dat leverde bijzondere ervaringen op! Toen ik op mijn handen ging zitten en mezelf begrensde, bleek een ander iets op te pakken waarvoor ik hem eerder nooit ruimte had gegeven. Er kwam meer samensturing en dat was voor alle partijen beter. En omdat ik na half tien niet meer op sociale media keek, ging ik vaker even wandelen en at en dronk ik 's avonds minder. Dat ik van deze leefregel ook lichamelijk gezonder zou worden, had ik niet verwacht. Daarom spreek ik liever over leefbeloftes dan over gewoontes of leefregels. Wanneer je een goede gewoonte gaat beoefenen, ontdek je dat er allerlei onverwachte zaken in je leven veranderen. Er zit een belofte in elke gewoonte verborgen. Ze brengen je naar paden waar je eerst nooit was. Op het moment dat ik samen met mijn gezin besloot om zoveel mogelijk verpakkingsloos

te leven, deden we dat uit liefde voor de natuur. Dat het ons veel meer gemeenschap zou opleveren met anderen wisten we toen nog niet. Opeens zaten we bij de boer en oogstten we onze eigen boerenkool. We begonnen gezonder te eten en werden beiden enthousiast om meer in de keuken te staan. We ontmoetten andere gezinnen die al veel langer zo leefden en kregen vrienden die we anders nooit hadden ontmoet. Met nieuwe gewoontes zet je een wissel om in je leven en rijdt de trein opeens door een ander landschap.
Een jaar lang leven met #oneword en een kleine set gewoontes levert mij veel rust op. Van nature ben ik erg gevoelig voor prikkels, maar de omstandigheden bepalen niet langer mijn leven. Natuurlijk kunnen omstandigheden nog wel invloed hebben op mijn emoties, maar omdat ik leer te luisteren naar de diepe behoeftes van mijn grond, gebruik ik de omstandigheden vooral om iets te leren over mijn #oneword. In het jaar van begrenzing werd mijn zwager ernstig ziek. Hij werd letterlijk begrensd in zijn leven door een hersentumor; langzaam raakte hij alles kwijt en werd zijn speelveld kleiner. Of toch niet? Hij ging daar op zo'n bewonderenswaardige manier mee om dat hij eigenlijk meer impact had dan ooit. Wat leerde hij mij veel over begrenzing en de positieve impact die dat kan hebben. Hij leerde me kijken naar wat er echt toe doet in het leven. Ik durfde op de laatste dag van dat jaar van begrenzing een goedbetaalde klus op te zeggen omdat ik voelde dat ik ruimte wilde maken voor dit boek. Eerst moest ik begrenzen voordat ik mijn 'goud' – mijn concentratie en aandacht – aan het juiste kon geven.

Verkeerde gewoontes

Soms lijkt je leven te bestaan uit verkeerde gewoontes. Je nam bijvoorbeeld alweer geen pauze tussen je werkzaamheden door, al had je je dat nog zo voorgenomen. Die gewoonte van rust gaat me toch niet lukken – kun je dan zomaar denken.

Dat we snel in een negatieve spiraal terechtkomen heeft simpelweg te maken met het feit dat we vaak meer aandacht besteden aan dat wat slecht gaat. Het neemt een grotere ruimte in ons hoofd in, we betreden de paden die we altijd al hebben betreden en voor je het weet, zit je weer in je oude negatieve patronen.

Die oude negatieve patronen heb je vaak onbewust opgedaan in je jeugdjaren. Daar had je te maken met afwijzing en teleurstelling. Misschien werd je buitengesloten, of was er geen ruimte voor jouw verhaal. Het kunnen grote of kleine trauma's zijn die in je hersenen negatieve stimuli afgeven. In je hersenpan zit een klein knopje, de zogenaamde *amygdala.* Dit is de rookmelder van je lijf: zodra je hersenen signaleren dat ze in een lastige situatie komen die lijkt op die uit het verleden, gaat de knop op rood. Dat wordt weer doorgegeven aan je *hippocampus* en die weet precies wat je moet doen: vluchten of je terugtrekken of juist harder gaan werken. Dat gedrag manifesteert zich in gewoontes. Je wilt je niet naar voelen, dus je gaat harder werken. Zo verdoof je jouw rotgevoel. Verslavingen zijn meestal verdovingen, hoe sociaal geaccepteerd ze ook zijn. Weten hoe het werkt, is stap nummer één in verandering. Wanneer je weet dat handelingen voortkomen uit gevoelens en reacties daarop – en je daar bewust mee aan de slag gaat – kun je ook je positieve gevoelens leren managen. Je kunt je leven vergelijken met een berg vol beekbeddingen waar water doorheen stroomt. Sommige zijn zo diep uitgegraven dat het water – dat symbool staat voor je leven – er als vanzelf doorheen stroomt. Nu kun je proberen oude negatieve beekbeddingen dicht te gooien, dat is een tijdrovend en lastig karwei. Het is beter om nieuwe beekbeddingen in je leven aan te leggen. Nieuwe gewoontes waarvan je weet dat die goed zijn en waar het water als vanzelf heen zal lopen, zodat er ergens in de diepte een nieuwe oase ontstaat. Een nieuwe gewoonte heeft kans van slagen als je hem ongeveer dertig dagen volhoudt, met voldoende pauzes ertussen. Je wordt er vervolgens excellent in, wanneer je die dan ook volhoudt – denk aan de tienduizend uur. Gewoontes worden vaak gezien als plicht, maar als je het element verlangen aan je plannen toevoegt, zul je ze langer volhouden. Antoine de Saint-Exupéry zei dat ooit zo mooi:

> *'Als je een schip wilt bouwen, roep dan geen mannen bij elkaar om hout te verzamelen, het werk te verdelen en orders te geven. Leer ze in plaats daarvan verlangen naar de enorme eindeloze zee.'*[71]

Nieuwe gewoontevorming in 10 stappen

1. Bedenk wat je wilt bereiken – kies een beperkt aantal doelen.
2. Kies een aantal leefbeloftes die je doel ondersteunen.
3. Deel dit doel op in kleine stappen waarvan je weet dat ze haalbaar zijn, maar net buiten je comfortzone zitten. Zo train je je zelfdiscipline.
4. Welke omstandigheden motiveren jou om je doel uit te voeren? Wil je geconcentreerder werken: zoek dan eens een andere werkplek en verschuif je perspectief. Experimenteer daarmee.
5. Zet de stappen heel concreet in je agenda.
6. Praat met anderen over je nieuwe gewoonten en vertel ze waarom je hiervoor gaat; zo voed je je verlangen.
7. Vergelijk jezelf niet met anderen; jij hebt jouw eigen unieke proces! Wel kun je iemand vragen om je regelmatig te bevragen op jouw doel en proces. Kies mensen die in je geloven.
8. Geniet van de reis naar het doel toe en vier je kleine successen! Je mag onaf zijn, durf dat te accepteren.
9. Niets staat een deugd zo in de weg als het haastig willen verwerven ervan: trek minimaal dertig dagen uit voor het starten met een nieuwe gewoontevorming.

10. Genade is de basis; keer daar elke keer weer naar terug. Jij bent meer dan je gewoontes en je kunt elke dag weer opnieuw beginnen.

Nederigheid

Gewoontevorming kun je voor allerlei doelen inzetten; de kunst is te ontdekken welke gewoontevorming je naar een leven met meer rust en verbondenheid brengt. En zo komen we op het woord nederigheid. De meeste mensen vinden dat niet zo'n fijn woord. Wanneer ik tijdens trainingen vraag om een leefbelofte te kiezen, staat nederigheid vrijwel nooit op het lijstje favorieten. Om een succesvolle ondernemer te citeren: 'Wanneer ik nederige gewoontevorming ga toepassen, sla ik een modderfiguur in de markt. Ze zullen me niet meer serieus nemen, dus daar begin ik niet aan. Je moet willen winnen als ondernemer, anders tel je niet mee.' Wat valt er nu inderdaad met nederigheid te winnen? Misschien kan deze anekdote van de woestijnvaders je alvast op het spoor brengen:

> *Er waren eens drie vlijtige vrienden. De eerste deed niets liever dan strijdende partijen verzoenen, conform het woord: zalig de vredestichters. De tweede zorgde voor de zieken. De derde trok zich terug in de woestijn om rust te nemen. De eerste had zijn handen vol aan de menselijke ruzies die hij niet allemaal kon beslechten, en hij raakte verveeld. Hij ging naar de ziekenbroeder en ontdekte dat ook hij onverschillig geworden was omdat het hem niet lukte om zijn voornemens uit te voeren. Ze besloten samen de rustzoeker op te zoeken. Ze vertelden hem over hun frustraties en vroegen wat juist was om te doen. Eerst zei hij niets. Toen deed hij water in een kroes en zei tegen hen: 'Kijk naar het water, hoe het klotst.' Even later sprak hij: 'Kijk nu hoe rustig het water is.' Toen ze dat deden zagen ze hun eigen gezicht als in een spiegel. De broeder zei tegen*

hen: 'Zo is het ook als je onder de mensen bent. Door de wanorde zie je je zonden niet meer. Maar als je in rust bent, vooral in de woestijn, zie je ze heel scherp.'[72]

De eerste twee vrienden raakten in *akedia,* lusteloosheid en levensmoeheid, vertelt monnik Anselm Grün als reactie op dit verhaal. De derde vriend heeft heel goed door wat de oorzaak is van hun somberheid. Ze hebben bij hun goede daden hun eigen zelfgerichte motieven over het hoofd gezien. Ze waren niet meer in verbinding met hun bron en zichzelf. Wat ze voor anderen deden stroomde niet uit een innerlijke bron, maar kwam voort uit eerzuchtige ambitie om door mensen geroemd te worden. Wanneer we onze gewoontevorming gebruiken tot meerdere eer en glorie van onszelf zullen we al gauw vermoeid raken. Want, wees eerlijk: veel goede gewoontes lopen stuk op de weerbarstige werkelijkheid. Je moet intrinsiek gemotiveerd zijn om het vol te houden en jezelf eerlijk in de ogen durven kijken. Nederigheid is daarbij van essentieel belang. In het Engels zegt men *humility*, waar het woord *humus* in zit. Ben je bereid om steeds weer terug te keren naar de aardse alledaagse werkelijkheid en dáár in verbinding te zijn met jezelf, de ander en het grote geheel? Of moet je daarvoor eerst boven op een troon zitten om alles te kunnen regelen en overzien? In je leven zijn er twee dynamieken werkzaam; die van het kwade en het goede. De dynamiek van het kwade brengt je op een eenzame troon, de dynamiek van het goede brengt ons in verbinding met elkaar. Ignatius van Loyola leefde eruit en zijn volgelingen, de Jezuïeten, spreken er vandaag nog over. Hoe weet je nu of je in de ene of andere dynamiek zit?

Goed of kwaad: in welke dynamiek zit jij?

Ignatius van Loyola kwam je al eerder tegen in het vorige hoofdstuk. De Spaanse edelman die een monnik werd en zijn leven besteedde aan het terugkeren wie je mag zijn zonder streberig leven. Hij vertelt ons ook over de dynamiek van goed en kwaad.[73]

Allereerst de dynamiek van het kwaad. Volgens Ignatius kent deze dynamiek twee gezichten.

1. *De systematische zelfoverschatting* – dit noem ik hoogmoed. Hoogmoed begint meestal met rijkdom waarvan je meer en meer wilt hebben. Uiteindelijk sta jij aan de top, maar daar sta je wel eenzaam.
2. *De systematische zelfonderschatting* – dit noem ik laagmoed. Laagmoed begint meestal met het ontkennen van eigenwaarde. Deze minderwaardigheid kan leiden tot zelfvernietiging. Je zet hier de stem die jou waardeloos verklaart op de troon; het is dus een variant op hoogmoed.

Rondom deze dynamiek bouw je vaak een raamwerk van gewoontes. Jij staat bekend als of 'de succesvolle die niemand nodig heeft' of 'die arme persoon die het zo slecht heeft'. Je hebt jezelf in de kerker gezet en hebt zelf de sleutel, maar je peinst er niet over die sleutel te gebruiken, want het is een positie waarbij jij je veilig weet.
Zo trainde ik een tijdlang een zeer succesvolle ondernemer. Met zijn expertise zat hij boven op de apenrots. Hij had gedacht dat dit succes hem gelukkig zou maken, maar hij had geen tijd meer om te spelen en voelde zich doodeenzaam. Emotioneel was hij uitgeput. Aangezien hij met zijn imperium vele mensen bediende, leek het hem ook niet verstandig om alles maar op te geven. Wat moest hij nu? Hij verlangde naar een nieuw avontuur.
Als voorbeeld van laagmoed ken ik een vrouw die zich altijd miserabel over zichzelf voelde. Voor haar leek er geen troost te zijn. Maar ze was haar eigen geklaag nu wel zat en besloot hulp te zoeken. Ook zij was op zoek naar een nieuw avontuur.

Dat avontuur is volgens de orde die Ignatius stichtte – de Jezuïeten – te vinden in de dynamiek van het goede. In eerste instantie lijkt deze dynamiek helemaal niet zo aanlokkelijk. In je leven stuit je op je eigen armoede. In het geval van de ondernemer: hij voelde zich doodeenzaam terwijl hij zo hard had gewerkt. Die armoede onder ogen zien en in het licht brengen is naar je gevoel vernederend. Daar waar jij eerst de touwtjes in handen had, moet je nu toegeven dat je het niet alleen kunt. Dit leidt tot nederigheid; het besef dat jij afhankelijk bent van anderen. Je bent een aards mens, geen opperwezen dat over anderen de scepter kan zwaaien en beter of slechter is dan anderen. Deze nederigheid stelt je in staat om je met anderen te verbinden.

Als we de kwetsbaarheid uit ons maakbare leven bannen, zouden we de dynamiek van het goede wel eens totaal kunnen missen.

De dynamiek van het goede vind je niet alleen in de armoede van jezelf, maar ook in de armoede van een ander. Zijn wij bereid om neer te zitten bij de kwetsbaarheid van onszelf én de ander? Als we de kwetsbaarheid uit ons maakbare leven bannen, zouden we de dynamiek van het goede wel eens totaal kunnen missen.

Een prachtig voorbeeld daarvan zie je in het leven van bijzonder hoogleraar Sociologie van Leiderschap, Organisaties en Duurzaamheid aan de Rijksuniversiteit Groningen. Professor Gabriël Anthonio heeft een drukbezet leven en ik interviewde hem ooit voor mijn eerste roman *Schaduwvlucht* en de glossy *Stil.* Deze bestuurder wilde na een veertigdaags verblijf in een stiltecel intreden in het klooster. 'Ik werd in die dagen genadeloos geconfronteerd met mezelf en het leven waar ik deel van uitmaak. Na een donkere periode in de stilte, klaarde het langzaam op. Zodra je de controle loslaat, verdwijnt de onrust als koorts uit je lichaam. Je ervaart dan dat alles al goed is, zonder dat je iets hoeft te doen. Heel veel doet er niet toe. In de stilte ontdek je dat je zelf geen haar beter bent dan de ander en je wordt mild en barmhartig voor jezelf en de ander.' Maar de abt van het klooster zag geen toekomst voor Gabriël in het klooster. In een droom werd hem duidelijk dat er voor hem buiten een taak lag. Hij gaf Gabriël een aantal leefregels voor zijn leven mee en moedigde hem aan om de 'kloostergang' in zijn eigen leven steeds weer op te zoeken. De kloostergang in je leven is de plek waar je wordt uitgedaagd om rustig te lopen, zonder dat iemand kijkt. Toen Gabriël trouwde en een zwaar gehandicapte zoon kreeg die alleen kan praten in gebarentaal, wist hij dat hij zijn 'kloostergang' gevonden had. 'Door het dagelijkse ritme en omgang met iemand die zo totaal anders is dan ik, word ik steeds weer geconfronteerd met mijn eigen ongemanierdheid. Mijn zoon is de slijpsteen voor mijn ziel. Hij leert me leven in het hier en nu. Elke keer brengt hij me terug bij waar het echt om draait.'[74] Lees de blog die Anthonio schreef in 2019. Wie of wat stuurt mij, vraagt hij zich in deze blog af. Wanneer Gabriël de 'armoede' van zijn zoon niet had leren waarderen, had zijn leven er anders uitgezien.

Gabriël Anthonio: wie of wat stuurt mij?

Na een drukke werkweek vraag ik me weleens af wie of wat mij stuurt. Mijn visie op hoe ik graag wil leven, mijn persoonlijke waarden die ik vorm wil geven of domweg mijn agenda die voor een groot deel via mijn secretariaat wordt gevuld. Het is druk in de wereld van de zorg en het academisch onderwijs waar ik actief in ben. Wie stuurt wie in mijn leven?

Eindelijk is het weekend, het is zaterdag. De dag die ik steevast reserveer voor mij en mijn zoon. Mijn zoon, Mahil die autistisch is en een verstandelijke beperking heeft. Hij kan niet praten, lezen of schrijven. Zijn niveau van functioneren is lager dan een kind van 3 jaar, ondertussen is hij 22. Een mooie grote jongen, slank en knap om te zien (al zeg ik het zelf). We redden ons prima met gebarentaal en de rest regelen we door elkaar aan te kijken, te wijzen en aan te voelen. Het is een druilerige dag. We zijn in een dorpje, ergens in Drenthe op zoek naar een speelgoedwinkel. Hij heeft aangegeven een Pinopop, zo'n blauwe vogel met oranje snavel van Sesamstraat te willen, door er steeds een aan te wijzen op zijn iPad. Hiermee is zijn serie poppen, met Bert, Ernie, Elmo en anderen van Sesamstraat compleet. Er is nog maar een speelgoedwinkel in het noorden die een Pino (in de uitverkoop) heeft. We kopen samen de laatste Pino in die winkel. Mahil is dolgelukkig en loopt er vrolijk huppelend mee over straat.

Even verderop zien we een soort huishoudwinkel, met schoonmaakspullen en speelgoed. Het is leegverkoop. De winkel gaat kennelijk sluiten. Het begint buiten steeds harder te regenen. Mahil gebaart dat hij er naar binnen wil, ik ook! Het is binnen druk. Het is er vochtig, van de regen maar misschien ook wel lekkage. Het ruikt er naar oude jassen. Ik loop met mijn zoon richting het speelgoed. Hij kijkt ergens anders naar. Dat verbaast mij. Ik volg zijn kijkrichting. Hij wijst op een jongedame met een hoofddoek, Midden-Oosten-uiterlijk die achter een van de toonbanken staat. Ze kijkt op een mobieltje. Hij wijst dat hij naar haar toe wil. Ik denk dat dit geen goed idee is. Mijn zoon raakt mensen graag even aan, even een hand geven en die vasthouden. Met deze jonge moslima lijkt me dat geen goed idee. Maar Mahil dringt aan, sleurt me bijna mee richting de jongedame met hoofddoek. Ik laat hem los. Ik zie wel wat er gebeurt. Ik wil ook geen scène in de winkel.

Dan gebeurt het volgende. Mijn zoon gaat voor haar staan. Ze kijkt hem scherp aan, en hij haar. Dan zwaait hij even. Ze zwaait terug. Dan steekt hij zijn hand uit. Ze

aarzelt, en geeft een hand terug. Dan houdt hij heel zacht wiegend haar hand vast. Hij steekt ook zijn andere hand uit. Die pakt ze ook voorzichtig vast.
'Wat is dit meneer?' vraagt ze zachtjes.
'Mijn zoon kan niet praten, hij maakt even contact met je. Hij zal alleen maar even je hand vasthouden, als dat mag ...'
Dan maakt mijn zoon het gebaar van 'Lief', hij aait over zijn wang. Vragend kijkt ze me aan.
'Dat betekent dat hij je lief vindt.' Meteen herhaalt hij het gebaar.
'Heel lief, hij doet het twee keer.'
Dan begint ze te huilen, grote tranen rollen over haar lichtbruine wangen terwijl mijn zoon haar handen voorzichtig vasthoudt, neuriënd en haar met een rustige blik aankijkt.
'Sorry meneer. Eh ... weet u, ik kreeg net, enkele minuten geleden op mijn telefoon een bericht dat mijn broertje in het ziekenhuis is overleden. Uw zoon lijkt op hem.'
Opnieuw tranen die over haar wangen rollen terwijl ze mijn Mahil blijft vasthouden en aankijkt.
'En ik voelde me net zo alleen, zo alleen meneer, alleen met mijn verdriet. En dan komt uw zoon.' Ze valt stil, denkt na. 'God stuurt soms mensen, meneer. Ik ben nu niet meer alleen, dank je, dankjewel ...' Minuten verstrijken, mensen staan eromheen, iedereen is stil. Dan trekt Mahil zijn handen langzaam terug. Tilt de Pinopop op en kust haar daarmee. Ze glimlacht en droogt haar tranen af. Ze zwaait: 'Dag broertje, goede reis!'
Ze kijkt ons nog lang na, door de winkelruiten heen, haar gezicht steeds opnieuw droog vegend. Ze zwaait opnieuw naar Mahil met een bescheiden opgestoken hand. Deze woorden, 'dag broertje, goede reis' hebben me geraakt. Ook ik houd het niet droog.
In de auto, op de terugweg vraag ik me opnieuw af wie

of wat mij stuurt. Wie mijn zoon, met al zijn zogenaamde beperkingen stuurt heeft deze moslima me net al uitgelegd. Thuisgekomen kijk ik nogmaals in mijn agenda, helemaal vol met activiteiten. Het is aan mij hoe ik die ga invullen, instrumenteel of zoekend naar een betekenisvol contact.

Mahil neemt de leiding in dit verhaal, zonder omhaal van woorden – en Gabriël laat het na aanvankelijke scepsis gebeuren. Simon Sinek, een auteur die veel over leiderschap schrijft zegt: *Followers want to be taken care of, leaders want to take care of others.* Als leider ben je bereid om zorg te dragen voor anderen. Patrick Lencioni, gerenommeerd organisatieadviseur, noemt dienend leiderschap zelfs de enige vorm van leiderschap. Een leider is bereid zijn eigen belang, ongemak en populariteit opzij te zetten en te doen wat nodig is. Leiderschap is niet beloning-gericht, maar dienend-gericht. Wanneer je op deze manier naar leiderschap kijkt, zijn het niet alleen de mensen hoog in de top die een leider zijn, maar kan iedereen leiderschap beoefenen op de plek waar hij of zij staat. In hoeverre geven wij elkaar daar de ruimte voor? Of voel jij je aan de top misschien toch nog beter dan anderen en geef je ze weinig ruimte?
Hoever nederigheid kan gaan, bewijst Gabriël Anthonio wanneer hij terugkomt uit veertig dagen in stilte. Nadat de abt hem de wereld weer instuurde, werd Antonio directeur van een tbs-kliniek. Hij nam daar een tegendraads besluit; hij nam niet plaats in de mooie directeurskamer boven in het beveiligde complex, maar liet tussen de tbs-cliënten een cel ombouwen tot nieuw kantoor. Daarna besloot hij dat de binnenplaats opgefleurd moest worden en hij liet de tbs'ers zelf op hoge ladders de binnenplaats beschilderen. Ja, er was kans op ontsnappingsgevaar, maar hij durfde het aan; hij geloofde in gedeeld leiderschap, zelfs onder mensen met een criminele achtergrond.

Nederige gewoontevorming en gezonde ambitie

Hoe verhouden nederige gewoontevorming en gezonde ambitie zich met elkaar? Het kan zomaar lijken alsof je vanuit nederigheid niet meer mag wensen hogerop te komen en je leven moet leven in middelmatigheid, maar dan creëer je een valse tegenstelling. Natuurlijk mag je streven naar kwaliteit, maar vanuit welke houding? Gebruik je jouw ambitie om zelf hogerop te komen of dienen jouw verlangens anderen? Is er binnen jouw ambitie ook nog ruimte voor kwetsbaarheid en armoede, of moet die ten koste van alles vermeden worden? Het is goed om je die vragen regelmatig te stellen, zodat je ambitie gezond blijft. Alleen al het stellen van de vragen en je zoektocht naar het antwoord hierop, is een daad van nederigheid. Ik vergelijk dit wel eens met een kasteel met een toegangspoort. Eerlijke schurende vragen zetten je poort open zodat jij als kasteelheer of -dame mensen kunt ontmoeten en anderen binnen kunt nodigen. Daarbij stuit je op elkaars armoede, maar ontdek je ook het leven! Wanneer je gaat voor veiligheid, stel je liever geen vragen en houd je de loopbrug van je kasteel omhoog. Je kasteel wordt zo eerder een onbereikbare vesting van waaruit je met macht opereert. Wat voor soort kasteel wil jij bouwen met je ambitie?

Nederige gewoontevorming is een weg van vallen en opstaan en voor je het weet word je enorm gefrustreerd omdat je jouw gezonde gewoontes niet volhoudt. Het volgende hoofdstuk kan je wat verlichting brengen. Om je een voorproefje te geven; zet op onderstaande schaal een kruisje op de plek waar jij je momenteel bevindt:

1 = ik heb nog veel te leren.
10 = ik ben inmiddels uitgeleerd en weet hoe het leven werkt.

1 **10**

ONTHAASTING

- ✓ Bekijk en bespreek de film *Rocket man* over het leven van Elton John. Waarin herken je dingen van je eigen leven?

- ✓ Wanneer je een #oneword mocht kiezen voor het komende jaar, waar zou jij dan in willen 'wortelen'. Zo'n woord mag een beetje schuren.

- ✓ Wat zijn jouw ambities? In hoeverre dienen ze anderen? En welke rol heeft kwetsbaarheid in het bereiken van jouw doel?

HOOFDSTUK 8

DURF ONAF TE ZIJN

Een leven lang leren als medicijn tegen het streven. Als je denkt dat je rijp bent, begin je te rotten.

ALS JE **DENKT**

DAT JE RIJP BENT

BEGIN JE TE

rotten

Het is een gure oudejaarsnacht in 1990. De eilandbewoners van Holy Island ten noordoosten van Engeland zitten bij elkaar in de pub en drinken hun bier. Onder hen bevindt zich de onrustige pelgrim Ray Simpson. Hij is op zoek naar het ware leven en dwaalt al een paar dagen over het eiland, waarvan wordt gezegd dat het een bijzondere plaats is. In de pub vindt hij niet wat hij zoekt, dus loopt hij naar buiten. Iets verderop staat een oude koeienstal; eerder op de dag heeft hij daar al gemediteerd, maar toen gebeurde er niets. Maar deze nacht zal alles veranderen. In de eenvoudige stal zoekt Ray opnieuw de stilte en dan wordt hij geraakt door een innerlijke aardbeving. 'Ik werd helemaal door elkaar geschud, een bizarre psychische sensatie. Toen hoorde ik diep in mij een zachte stem; *ik ben op zoek naar mensen met ruimte in hun hart. Ik verlang naar kleine hechte gemeenschappen waar saamhorigheid heerst.'* Na die dag is het leven van Ray niet meer hetzelfde. Hij gaat op weg, zoekend naar manieren om aan deze stem gehoor te geven. In de jaren die volgen sticht hij met gelijkgezinden de community van Aidan en Hilda, een Keltisch aandoende gemeenschap, die op meer dan acht continenten actief is. Eenvoudige gemeenschappen zonder de ballast van regels, maar met tien principes voor een *Way of Life.* Ray schrijft er meer dan dertig boeken over, waarin hij uitlegt wat deze manier van leven inhoudt. Wanneer ik hem in 2014 ontmoet, leeft hij nog steeds op het eiland. 'We moeten de kunst van het luisteren opnieuw ontdekken,' vertelt hij me aan de rand van het water. 'Onze wereld is gevangen in soundbites en we arrangeren ons leven zelf. Kom naar dit eiland bij volle maan, zonder plattegrond en ontdek de stille schoonheid.' Het eiland is inderdaad erg mooi, maar het duurt even voordat ik dat echt doorkrijg. In eerste instantie valt me vooral op dat het er op sommige plekken zo afgeleefd uitziet, terwijl er toch jaarlijks duizenden pelgrimsgangers naar deze plek komen. Kunnen ze het niet wat beter onderhouden? De stoeltjes in het

postkantoor zijn kapot. De kapel waar de dagelijkse diensten van de gemeenschap gehouden worden is klein en volgepropt. De plaatselijke bistro zou met lekkere taart en scones nog veel rendabeler kunnen draaien. Ray glimlacht om deze gedachten en de stilte wacht geduldig tot alle plannen en oordelen door de wind zijn weggewaaid. Het eiland heeft een schoonheid in zichzelf die je langzaam mag ontdekken, het liefst als de lichten uit zijn en alle toeristen zijn vertrokken, zo beschrijft hij het. Een van de leefregels van zijn kloostergemeenschap gaat hierover: Durf onaf te zijn en leer je leven lang. Blijf pelgrimeren en zoeken, dan zul je ook opnieuw blijven vinden en gevonden worden. Om dit in praktijk te brengen heeft ieder lid van de gemeenschap een *soul friend* of een *soul group* met wie hij of zij regelmatig afspreekt voor reflectie. Ray heeft zijn eigen *soul friend* onlangs gesproken. Wat hij nu nog van hem geleerd heeft? Ray lacht en zucht: 'Het is alsof ik sinds het laatste gesprek met hem voor het eerst heb leren liefhebben.'
Daar zit hij dan, voor zijn huis aan de baai en komt tot die eenvoudige conclusie. Ik heb voor het eerst leren liefhebben. Dit is *lifelong learning* in de praktijk en hij lijkt er intens tevreden mee, zoveel tevredener dan veel mensen die ik ken. Mensen die het allemaal wel weten en vooral ook beter weten dan anderen. Hoewel Ray al tegen de tachtig loopt, heeft hij de nieuwsgierige geest van een kind weten te behouden. Ik moet bij zijn verhaal ook direct denken aan een uitspraak van Robert Schulte die al 25 jaar salesprofessionals coacht. Hij leert mensen hun product verkopen en hanteert daarbij als belangrijkste tool om nieuwsgierig te willen blijven leren. De mensen die dat doen zijn in staat om echt onbevangen te luisteren naar een ander en met betere klantgerichte oplossingen te komen. Denk niet dat ervaring je wel redt op de arbeidsmarkt. Iemand met dertig jaar ervaring is iemand met een jaar ervaring en dat 29 jaar geleden. De wereld is continu in beweging en de mensen met wie jij werkt zijn dat

ook. Hoe kun je leren luisteren naar de ander en voor het eerst leren liefhebben?

Opgeruimd staat niet netjes

Als mens wil je niet graag onaf zijn; het liefst stop je alles in hokjes en vakjes zodat het duidelijk en overzichtelijk is. Overzicht en orde zijn fijn, zolang je beseft dat deze ook kunnen leiden tot rigide starheid waarbij spelen en leren geen optie meer zijn. Wanneer je rigide in hokjes en vakjes leeft, heb je kans om langzaam te verstoffen of tot verval over te gaan. Anders gezegd: wanneer je denkt dat je rijp bent en niets meer hoeft te leren, begin je te rotten. Dat is een natuurkundig gegeven; alles wat je niet onderhoudt valt uiteindelijk uit elkaar, zo leren we in de tweede wet van de thermodynamica. Elk gesloten of geïsoleerd systeem neemt met de tijd toe in wanorde (entropie). Terwijl de tijd verstrijkt, neemt het verval toe. Een proces dat onomkeerbaar is. Dit geldt voor de natuur, maar ook voor relaties, je huis (raak maar eens vier weken geen stofzuiger aan) en je geestelijke huishouding. Daarom zijn gewoontes zo fijn; die helpen je de boel op te ruimen. De vraag is alleen: hóe ga je het verval tegen? Misschien wil je dat alles bij hetzelfde blijft – vroeger was alles beter – en doe je je uiterste best om dat zo te houden. Dit kan voor veel onrust in je leven zorgen, want feit is dat alles zich steeds weer vernieuwt, net zoals je in de natuur ziet. Een bloem bloeit het ene jaar uitbundiger dan het andere jaar. Het is niet maakbaar. In de natuur werkt het zelfs zo dat je de boel soms beter een tijdje de boel kunt laten om tot meer biodiversiteit te komen. In de natuur staat opgeruimd helemaal niet netjes; juist de chaos brengt nieuwe vormen van leven. De chaos in je leven leert je onderscheiden wat leven geeft en wat niet;

Wanneer je rigide in hokjes en vakjes leeft, heb je kans om langzaam te verstoffen of tot verval over te gaan.

dit is granulariteit. 'Granulariteit' is de pixeldichtheid van bijvoorbeeld een foto. Hoe meer granulariteit, hoe scherper de foto. Zo kun je ook groeien in je emotionele granulariteit. In een periode van chaos ontdek je nieuwe emoties en behoeftes waarvan je het bestaan misschien nooit had vermoed. Je leert hierdoor meer over het leven, over jezelf en over de behoeftes van anderen. Dit leer je alleen door de chaos 'aan te gaan' of er gewoon in te leven. Het regenachtige klimaat in Nederland laat zien hoe dit werkt. In Nederland kennen we heel veel verschillende vormen van regen. Zo heb je motregen, slagregen, ijzel, sneeuw, hagel, dauw en rijp. Wanneer je 's ochtends uit het raam kijkt en je ziet dat het gestaag miezert, weet je dat je een regenjas moet aantrekken. Bij een korte slagregen kun je inschatten of je net droog over kunt rennen. Hoe weet je dit? Je hebt je hele leven lang met regen geleefd; je hebt erin gelopen en er doorheen gefietst. Zoals wij veel verschillende soorten regen kennen, zo kennen Eskimo's heel veel verschillende tinten wit en verschillende soorten sneeuw. Hun granulariteit is op dat punt dichter omdat ze er meer ervaring mee hebben. Ga dus niet alle situaties in je leven uit de weg, maar zie ze als een kans om te leren hoe rijk geschakeerd het leven is, tot je emoties en behoeftes aan toe. Je kent waarschijnlijk de vijf basisemoties zoals bang, boos, blij, bedroefd en beschaamd. Daaronder liggen meer dan zeshonderd (!) verschillende emoties, net zoals er verschillende soorten weertypes en sneeuw zijn.

Opgeruimd staat helemaal niet netjes; juist de chaos brengt nieuwe vormen van leven.

Wat hebben rust, chaos en granulariteit nu met elkaar te maken? Allereerst ontdek je in rust vaak je eigen chaos; je struikelt over je eigen gedachten op de tweede trede van stilte van struikeling. Deze chaos is een enorme kans om jezelf en de wereld te ontdekken.

Ten tweede leer je vanuit rust wijze beslissingen te nemen. In rust staan je zintuigen meer open en kun je ook op een ander niveau reageren. Je neemt alle factoren mee (granulariteit) en kunt op een dieper niveau overwegen. Het leven wordt scherper en helderder. Geen troebel leven, maar een helder en verfrist leven. Dit is een vorm van wijsheid die je uit ervaring opdoet en het vereist rust om je hier bewust van te worden en het toe te passen. Je leert mee te bewegen met het ritme van het leven. Een wijs mens voldoet aan wat het leven hem aanbiedt – dat wat je ontvangt – terwijl een onvolwassen persoon eist dat het leven aan haar wensen voldoet. Wat bezit je eigenlijk dat je niet ontvangen hebt, zegt Paulus in de Bijbel.[75] Ontdek gewoon wat er al is! Wanneer je ervaringen leert toepassen en niet bang bent voor mislukkingen, brengt het je ook in rust; de rust dat niet alles 'af' hoeft te zijn en dat je mag leren – een leven lang. Elke ademteug is een kans om opnieuw te leren liefhebben en ontvangen, net zoals Ray Simpson deed.

Breek je huis maar weer af

In sommige kloostertradities worden monniken opgeroepen hun 'huis' steeds weer af te breken. Er wordt van hen gevraagd om regelmatig te verkassen om weer te sterven aan zichzelf en alles weer op te bouwen vanaf de basis. Laat die chaos maar komen; wanneer je sterft, bloei je duizend keer, dat laten de bloemen in het najaar je al zien. Pas als ze sterven, laten ze hun zaden los en kunnen ze een nieuwe periode van afsterven en opbloeien beginnen. Hoe zit het met vernieuwing in jouw leven? Ben jij bereid je veilige huis af te breken en vanaf de basis opnieuw te gaan bouwen? Het is een moedige keuze, die je in allerlei facetten van je leven kunt toepassen. Psycholoog en bestsellerauteur dr. Henry Cloud noemt dit de zogenaamde Necessary Endings.[76] Veel dingen in het leven, ook op de werkvloer, hebben een houdbaarheidsdatum.

Eindes zijn niet alleen een natuurlijk onderdeel in de natuur, maar ook op je werk. Wanneer je ze zonder schroom aangaat, is er kans op nieuwe persoonlijke en professionele groei.

Eindes zijn niet alleen een natuurlijk onderdeel in de natuur, maar ook op je werk. Wanneer je ze zonder schroom aangaat, is er kans op nieuwe persoonlijke en professionele groei.

Wanneer eindes worden vermeden of slecht behandeld, is er vaak een herhaling van zetten. Wat denk je van een manager die al jarenlang slecht presteert en bij wie alle ondergeschikten weglopen? Zonder de mogelijkheid om dingen te beëindigen, blijven mensen vastzitten en worden ze nooit zoals ze bedoeld zijn. Wil je groeien, durf dan te snoeien of weg te snijden. Snoeien is strategisch, zegt Cloud daarover. De sapstromen komen weer op gang en wanneer je dat niet doet stagneren zelfs de beste plannen – ze hebben een kracht nodig waardoor ze worden aangedreven; een natuurlijke stroom, een flow. De kunst is goed gebruik te leren maken van deze flow en te kunnen leren van je fouten.

Leren van je fouten

Over een goede flow leer je misschien wel het meeste als je niet in een flow zit. Ook al lijken de omstandigheden misschien niet verkeerd, je voelt iets wringen. Diep vanbinnen voel je het einde al aankomen, maar je geest sputtert nog tegen. Het lijkt namelijk fijn om alles bij het vertrouwde te laten en bovendien heeft het vertrouwde in het verleden soms heel goed gewerkt; waarom dan niet nog een keer? Dit is de reden waarom je soms lang in een oude situatie blijft hangen; je hebt nog geen idee hoe het anders kan, dus waarom zou je snoeien in levend hout? Voor de goede orde: echt snoeiwerk in de natuur werkt het beste in levend hout! Je moet niet alleen de dode punten wegknippen, maar net iets verder, voor het beste resultaat. De stoïcijnse filosoof Seneca zei ooit: wanneer je sterft, zal het niet zijn omdat je ziek bent, maar omdat je leefde. Vallen, snoeien en sterven hoort erbij. Zelf plan ik twee keer per jaar een grote snoeiweek waarin ik reflecteer op mezelf en eerlijk kijk naar wat er eigenlijk gesnoeid zou moeten worden in mijn leven. Besef daarbij: efficiency is de vijand van keuzes maken. Wanneer we het te druk hebben, proberen we zaken vaak op te lossen met efficiënter werken – en vermijden we daardoor echt noodzakelijke keuzes. Wanneer je snoeien probeert te vermijden en steeds maar op safe speelt, heb je grote kans dat ook de passie uit je leven verdwijnt. De negentiende eeuwse Deense filosoof Kierkegaard vraagt zich in het boek *Een passieloze tijd* af: Zou er nog ergens iemand te vinden zijn die, al was het maar voor één enkel keertje, een verschrikkelijke stommiteit uithaalt?[77] Falen en onaf zijn zijn vaardigheden die je kunt oefenen door ze op een ontspannen wijze in je leven toe te laten, in plaats van je er steeds maar tegen te verzetten. En nee, dan wordt falen heus niet hip, zoals sommige faalgoeroes je willen laten geloven. We kunnen geen dappere ruimhartige mensen worden zonder dat we door gevoelens als wanhoop, schaamte en paniek heen moeten laveren, aldus onderzoekshoogleraar Brené Brown. Zij onderzocht kwetsbaarheid en schaamte en pleit ervoor dat we die meer toelaten en bespreken met elkaar op de werkvloer. Moedig leiderschap gaat over lerend leiderschap. Wie zich ontwikkelt van *altijd gelijk hebben* naar *altijd willen leren,* beleeft de grootste transformatie.[78] Wees een leerling en zorg daardoor dat je gelijk krijgt, want doordat je zaken hebt onderzocht en samen hebt durven 'worstelen', op zoek naar de goede antwoorden, betrek je iedereen in het proces en vorm je een sterk team. Een sterk team is een team dat durft te voelen en vallen, dat kwetsbaar en eerlijk lastige zaken ter sprake durft te brengen en daarvoor de tijd neemt. Een leider verschuilt zichzelf niet achter cynische opmerkingen, maar is bereid om te praten over gevoelens en op zoek te gaan naar nieuwe hoop. Een moedig leider ondersteunt het als werknemers rust, spelen en herstel op de agenda zetten, sterker nog: hij zet het zelf op de agenda! Hij bemoedigt mensen, ook als ze 'onaf' zijn. Leiders hebben een verantwoordelijke taak. Juist zij moeten helder kunnen zien, ze hebben rust nodig om granulariteit in te zetten. 'Ik heb tien minuten voor je,' zei de directeur van een organisatie tegen een getalenteerde manager die besloten had zijn taak neer te leggen omdat hij ergens tegenop liep in de organisatie. Er kwam geen enkele open vraag, er werd geen enkele informatie bij hem opgehaald, terwijl hij de zoveelste was die vertrok. Wat een gemiste kans! Als jij leidinggeeft, wanneer heb jij dan voor het laatst een open vraag over je functioneren bij iemand neergelegd en heb je ook ruimte genomen om naar het antwoord te luisteren?

Een moedig leider ondersteunt het als werknemers rust, spelen en herstel op de agenda zetten, sterker nog: hij zet het zelf op de agenda!

Zelf werd ik geraakt tijdens die rondgang langs uitstervende kloostercongregaties, waar ik al eerder aan refereerde. Ik bezocht voor het project 'Erfgoed menslievende zorg' diverse nonnen en abten om van hen te leren. Wat wilden zij meegeven vanuit hun verleden? Opvallend vaak noemden ze ook de 'fouten' die er gemaakt waren; ze werden ook opgetekend in hun jaarverslagen, ter lering voor later. De nonnen van vroeger mochten eigenlijk geen cigen mening hebben. Sommigen leden daar verschrikkelijk onder, anderen vonden het juist fijn. Toen er in de loop van de tijd meer mondigheid van de zusters werd verwacht, leerden sommigen voor het eerst dat hun eigen hart en gevoelens er ook toe deden en ze ook zelf een persoonlijkheid waren. 'Het werd een veel bewuster leven.

De geloften en de regel raakten meer op jouw persoonlijk betrokken. Gehoorzaamheid werd "gehoor geven aan" de mensen om je heen en de maatschappij' vertelt Riet Boere over haar tijd als zuster van de congregatie van St. Jozef.[79]

Reflectie

Zie jouw 'onaf' zijn ook in het juiste perspectief. We overschatten vaak wat we in een halfjaar kunnen bereiken, maar onderschatten onze impact binnen een tijdspanne van tien jaar. Elke grote stap begint bij kleine stapjes en als een kleine stap mislukt, betekent dat niet dat je het grotere doel nooit zult halen. Er is niets wat een deugd zo in de weg staat, als het snel willen verwerven ervan – hoorde ik ooit van een kloostermoeder. We willen vaak veel te snel. Durf de tijd te nemen, laat de tijd jou nemen. Een doel of een droom is als een boom die je plant en misschien heb je wat aan de instructies die worden gegeven voor het planten van bomen.

1. Graaf een ruim gat. Neem de ruimte.
2. Til alleen aan de boom als de sapstroom in rust is.
3. Zet de boom niet te diep neer; een boom moet je planten, niet begraven.
4. Geef de grond regelmatig goede voeding door extra aanplantgrond.
5. Breng 1 tot 3 boompaaltjes rondom de stam aan ter ondersteuning.
6. Geef gericht water en snoei de boom wanneer nodig.

De drie boompaaltjes kun je vergelijken met je *soul friends*. De beroemde schrijver en theoloog C.S. Lewis (bekend van de *Narnia*-boeken en films) had *soul friends* in de vorm van zijn letterkundige discussiegroep de *Inklings*. Ze bespraken elkaars werk en leverden er commentaar op in een ontspannen setting. Ook dit is een vorm van rust. Allereerst neem je ruimte om met mensen af te spreken en ruimte om van gedachten te wisselen. En ja, dat kost tijd, maar samen kom je verder. Ons korte reptielenbrein verliest dat gegeven vaak uit het oog. Samenwerken is een competentie die je kunt aanleren en brengt je uiteindelijk tot duurzame resultaten. Als je dan samen bent, hoe reflecteer je dan op elkaar? Vaak is onze manier van reflecteren erop gericht om de manco's op te sporen en die te verbeteren. We denken op die manier het beste resultaat te behalen. Dit lijkt op een veld met gewassen waar je continu onkruid aan het wieden bent, gericht op alles wat er niet klopt. Onkruid wieden is niet verkeerd, maar de grootste aandacht zou mogen gaan naar het sterker maken van het gewas dat al groeit. Waardoor gaat dit beter bloeien? Hoe benut je de bestaande capaciteiten nog meer? Schenk meer aandacht aan wat je wilt dan aan wat je niet wilt. Wil je je adem gebruiken om je problemen op te lossen of je verlangen leven in te blazen?

Reflectie op wat beter moet	Reflectie op het goede
Opsporen van fouten.	Opsporen waar de talenten liggen.
Verbeteren van fouten en straffen als dat niet lukt.	Aanmoedigen van talenten en belonen als je daarin groeit.
Gericht op presteren.	Gericht op bloeien en zoeken naar de beste plaats waar je tot bloei komt.
Gericht op de omstandigheden die verbeterd moeten worden.	Gericht op doorgronden van de waarden en talenten van iemand.

Wees een lieveheersbeestje

Als het aan mij had gelegen, had er een lieveheersbeestje op de voorkant van dit boek gestaan. Wie goed kijkt, ziet er op de achterflap wel eentje lopen. De reden waarom we er op de voorkant niet voor gekozen hebben, heeft alles te maken met het imago van het lieveheersbeestje. De mannen die ik het omslag liet zien, zouden geen boek met een lieveheersbeestje willen kopen. En dat waren niet alleen de geharde zakenmannen! In het Engels staat het lieveheersbeestje bekend als *ladybug* – en dat roept associaties op met softheid, vrouwelijkheid en kwetsbaarheid. Nog steeds zijn de gangbare mores dat we dat soort dingen niet kunnen gebruiken als we aan het werk zijn. In je leven kun je beter geen lieveheersbeestje zijn, want dan delf je al gauw het onderspit of word je over het hoofd gezien. Stel je voor, de directeur van Siemens die zichzelf vergelijkt met een lieveheersbeestje, of een minister-president die ze als boegbeeld gebruikt. Toch is dit de oproep waarmee ik dit hoofdstuk wil afsluiten, want na een bijzondere droom zetten deze beestjes mijn werk en leven volledig op zijn kop. Ik neem je even mee naar een moeilijke periode in mijn eigen leven. Toen mijn onderneming drie jaar bestond, werd het tijd een volgende stap te zetten. Drie jaar daarvoor had ik een goede baan opgezegd om voor mezelf te beginnen, maar van het ondernemerschap had ik nog weinig kaas gegeten. Wel gingen mijn boeken als warme broodjes over de toonbank en kreeg ik van allerlei kanten adviezen om de boel steviger op poten te zetten. Het werd tijd dat ik 'mijn leiderschap' oppakte en nu doorpakte. Er was alleen een probleem: de manier van leiderschap die mij werd aangereikt, liep niet synchroon met wat ik vanbinnen voelde. En dus bleef ik steken. In die periode werd mijn man ziek; hij kreeg last van hartritmestoornissen en lag regelmatig in het ziekenhuis. We hadden privé enorm veel burenoverlast en ik voelde mij ontheemd. Van de buitenkant ging het lekker, maar vanbinnen was het een chaos. In die tijd mocht ik gelukkig een tijd kantoor houden bij een bevriende zakenman. Maar er kwam in die periode niet veel uit mijn handen. Soms maakte ik een lunchwandeling en liep ik huilend door de bossen nabij het prachtige pand. Dan stond ik stil bij een open veld en liet de tranen maar komen. Mensen om mij heen snapten er niets van; kom op, ik was toch succesvol? Doorpakken nu! Maar ik voelde dat het geen tijd was om door te pakken, maar om de essentie op het spoor te komen. Het was in die tijd zeven jaar geleden dat ik een burn-out had gehad en ik voelde dat ik er weer dicht tegenaan zat. Ergens liep het scheef. Ik ervoer een enorm tekort op veel vlakken in mijn leven en het #oneword dat ik dat jaar koos om in te wortelen was 'overvloed.' Nou, dat heb ik geweten! In de eerste twee maanden van dat jaar kreeg ik een aantal bijzonder aantrekkelijke voorstellen. De eerste was een ondernemerscursus van duizenden euro's – die ik helemaal gratis zou mogen volgen. Ik zou daarmee doorbreken naar het hogere segment en de bevriende trainer had veel vertrouwen in mij en mijn inhoud. Hij gunde het mij van harte; het was geen flauwe verkooptruc, maar een serieus mooi aanbod waar ik waarschijnlijk veel van kon leren. In diezelfde periode werd ik ook benaderd door een echtpaar met een enorm vermogen. Zij nodigden mij uit om mee te doen met hun team en missie; ik mocht kiezen in welk van de grote panden ik zou komen te wonen en ook zou ik gebruik mogen maken van hun theater en alle mogelijke faciliteiten die daarbij hoorden. Het leek te mooi om waar te zijn en daarom besloten we het als gezin eerst een tijd te onderzoeken. Na een paar maanden zetten we zelfs ons eigen huis te koop. Maar in mijn binnenste was er een rode vlag. Ik baalde daarvan; waarom kon ik niet gewoon meebewegen met de flow in dit jaar van overvloed? Toen kreeg ik een droom die alles veranderde. Daarbij moet je weten dat ik veel beslissingen in mijn persoonlijk en zakelijk leven baseer op dromen. In Nederland is dat niet zo gewoon, maar bij indianenstammen en in Afrika kom je het overal tegen. Mijn dromen toets ik altijd aan de werkelijkheid; ik volg nooit lukraak een droom. Meestal weet ik als ik wakker word direct: dit was er één om te onderzoeken. Zo ook deze nacht. In mijn droom kreeg ik een krant in handen en op de voorpagina van die krant stond een opgezet luipaard. Een machtig mooi beest dat helemaal was ingetaped en dus niet zoveel meer kon beginnen. Op de volgende pagina stond een ingetapete olifant, een tijger, een paard en ga zo maar door. Machtige dieren op een sokkel, bedoeld om te bewonderen – maar beroofd van hun werkelijke kracht. Toen ik de laatste pagina van de krant opensloeg, gebeurde er iets bijzonders. Opeens begon de krant te leven en kwam er een zwerm lieveheersbeestjes uit de krant lopen. Boven aan dit 'artikel' stond: *Wij van de ongediertebestrijding krijgen deze beestjes niet te pakken.* Toen werd ik wakker. Direct toen ik mijn ogen opendeed, wist ik dat dit een belangrijke droom was. Ik ga de ondernemerscursus niet doen, vertelde ik mijn man. 'Mijn motieven zouden niet kloppen. Als ik hem nu doe, word ik een ingepakt dier.' Hij snapte er niet veel van, maar is inmiddels gewend aan dit soort dingen, dus vertrouwde hij erop dat ik wist wat ik deed. Nu had ik nog een andere belangrijke beslissing te nemen; ging ik meedoen in het team dat ons een plekje aanbood? Ik had er geen goed gevoel over en vertelde dat eerlijk aan dit echtpaar. Een van de leiders wilde nog een dag met mij in het bos lopen om samen te praten hierover. Na een ochtend praten, kwamen we er niet uit en ik stelde voor om even een pauze te nemen. Er was in dat bos net een pop-up museum geopend. 'Laten we even een rondje museum doen om onze zinnen te verzetten en daarna gaan lunchen,' stelde ik voor, niet wetend wat me in het museum te wachten stond. Zodra we het museum binnenstapten, viel mijn mond open. Het was een museum van opgezette dieren en het eerste dier was een ingepakt luipaard! Met kloppend hart liep ik door de ruimtes met opgezette paarden, een tijger, slangen en andere grote dieren. Het was alsof ik in mijn droom liep. Maar het werd nog gekker. Toen ik de trap naar boven nam, zag ik opeens een lieveheersbeestje op het tapijt lopen. Buiten mezelf van opwinding, begon ik het beestje van alle kanten te fotograferen en ik had niet door dat er een suppoost achter me was komen staan. 'Wat doet u daar mevrouw?' Ik kon niets anders dan stamelen: 'Mijn droom, dit lieveheersbeestje kwam voor in mijn droom.' Nu was hij verbaasd. 'Wist je dat wij van de ongediertebestrijding de lieveheersbeestjes niet kunnen vernietigen in dit pand? Komt u maar mee naar de slangenkamer.' Enigszins verdwaasd volgde ik de man, gebeurde dit echt, of droomde ik opnieuw? Maar ja hoor, hij wees omhoog in de grote ruimte, waar het krioelde van de lieveheersbeestjes. 'Deze hele tentoonstelling verdwijnt straks weer, maar deze lieveheersbeestjes zullen blijven.'

Je snapt het al. We gingen niet wonen in een van de grote panden. Ik had er vrede mee – in mijn jaar van overvloed kreeg ik namelijk nog drie bijzondere dromen, die hier allemaal mee te maken hadden en ik besloot het klein aan te pakken. Gewoon onaf te zijn en te zoeken naar andere kwetsbare lieveheersbeestjes om mee samen te werken. Het zou verleidelijk zijn om zomaar direct invloed te krijgen, maar was dat voor nu de bedoeling? Opeens gingen mijn ogen open voor de gewone mensen die wilden meewerken. Er ontstond een stichting en adviesraad met wie ik nu al jaren samenwerk; mensen die op mij reflecteren en die me aan de tand durven te voelen. Natuurlijk staat mijn naam voor op dit boek, maar ik besef dat wat ik mag doen het resultaat is van vele mensen samen. Tijdens de retraites werken we samen met een team. In mijn boeken citeer ik wijsheden van mensen wereldwijd, mensen net als jij en ik – gewone lieveheersbeestjes. Was Darwin bezig met zijn status toen hij zijn wandelingen maakte door het weidse land nabij zijn huis? Dacht C.S. Lewis aan zijn bijzondere plek in de geschiedenis toen hij naast het bed van zijn zieke vrouw zat? Ze probeerden er met elkaar het beste van te maken en hun talenten te gebruiken, net zoals ieder mens graag wil doen.

Durf groot te denken, maar denk niet alleen – dat is voor mij de les van het lieveheersbeestje. Durf onaf te zijn en je te laten aanvullen door anderen die anders zijn dan jij. Niet alle lieveheersbeestjes zijn hetzelfde; in Nederland bestaan er alleen al meer dan zestig verschillende soorten. Terwijl ik dit schrijf zie ik opeens iets op het raam lopen; je raadt het al! Het is ongelofelijk hoeveel van die beestjes er overal rondlopen. Ga op zoek naar het kleine – in jezelf en de ander – en schat dat op waarde. Je zult dan niet verdwijnen, maar blijven. De droom kwam voor mij tijdens de coronacrisis overigens opnieuw tot leven. Hoe interessant is het dat grote machtige bedrijven meteen in de eerste week riepen om overheidssteun, terwijl veel kleintjes zich verenigden en creatief te werk gingen. Kleine mens, laat je beslommeringen en gezwoeg voor een moment wat ze zijn en besef hoe krachtig jij bent in je verbinding met anderen. Je zult niet verdwijnen – je zult blijven.

Ga op zoek naar het kleine – in jezelf en de ander – en schat dat op waarde. Je zult dan niet verdwijnen, maar blijven.

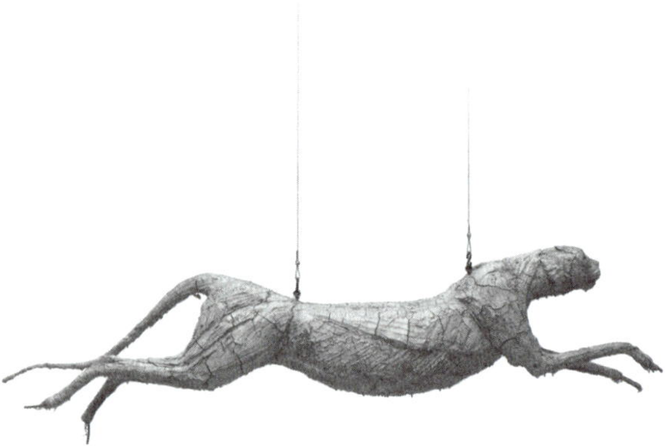

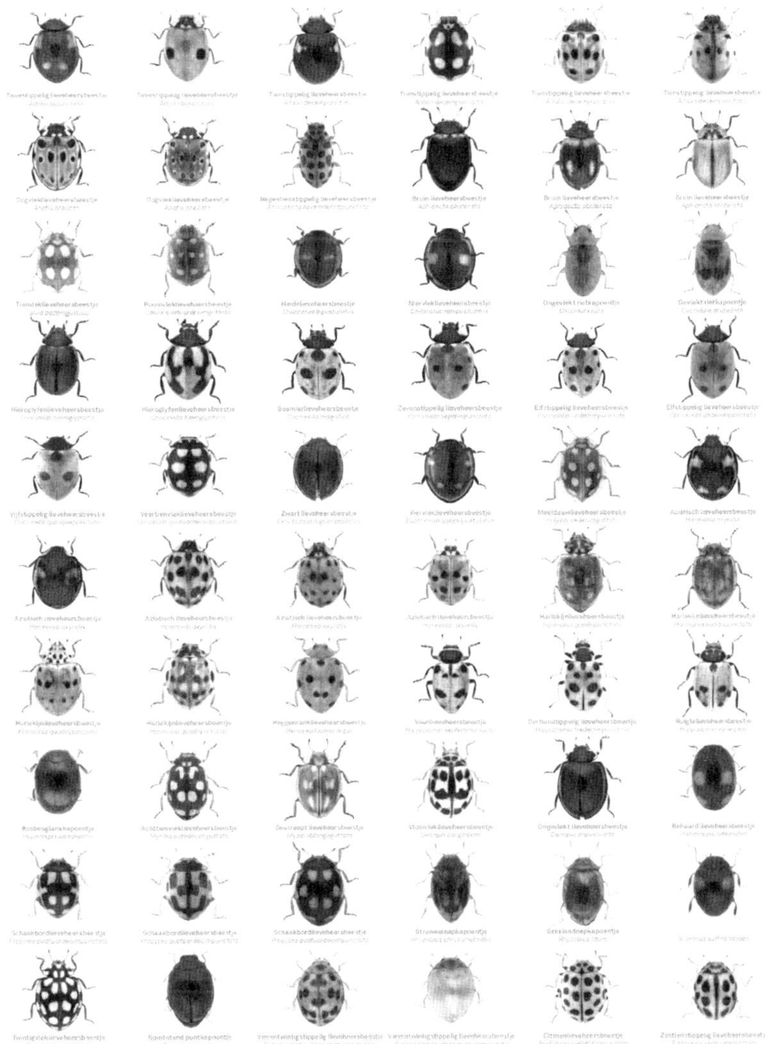

ONTHAASTING

- ✓ Opgeruimd staat niet altijd netjes: waar is het op dit moment chaotisch in je leven? Welke nieuwe behoeftes en emoties kom jij hier op het spoor?

- ✓ Voor welk 'veilig' huis is het tijd om het af te breken, zodat je het opnieuw vanaf het fundament kunt opbouwen?

- ✓ Welke lieveheersbeestjes heb jij om je heen. Hoe kun je ze komende week op waarde schatten?

- ✓ Reflecteer op het goede; waar zag jij dat het goed was vandaag?

HOOFDSTUK 9

RUST IN DE PRAKTIJK

Beter een handvol rust dan twee vuisten vol gezwoeg en najagen van wind.[80] Een terugblik en nog een aantal beproefde rustmethoden.

BETER EEN
HANDVOL

RUST

dan twee
VUISTEN

vol gezwoeg en
NAJAGEN

VAN WIND

Werk en rust: wat een prachtige combinatie! Werken gaat vaak vanzelf, maar hoe creëer je een gezonde houding rondom rust? Je las acht praktische handreikingen voor een nieuwe levenshouding hierin. Kies er één uit en ga daar eens een tijdje mee op weg, gewoon om te voelen of het een uitspraak is waarmee jij bevriend zou kunnen raken in je leven. Elk van de uitspraken brengt je bij een nieuwe manier van rusten. Het zijn lessen van inzicht die je op het spoor van leven in plaats van streven zetten.

1. *Pauzes verdienen zichzelf terug.* Schat je rustmomenten op waarde.
2. *Beoordeel de dag naar wat je zaait, in plaats van oogst.* Neem rust en laat je werk natuurlijk groeien.
3. *Wees onbereikbaar om beschikbaar te zijn.* Besteed en bewaak het 'goud' van jouw aandacht verstandig.
4. *Schenk de wereld je waardigheid.* Leef vanuit jouw hart en ontdek waar jij invloed op hebt. Dat is meer dan je denkt.
5. *Alles wat vandaag op je pad komt, is genoeg.* Laat je niet dicteren door onmogelijke tijdsplanningen, maar zoek jouw haalbare weg.
6. *Van keuzevrijheid naar gehoorzame vrijheid.* Luister naar datgene dat je werkelijke vrijheid brengt – en word geen slaaf van onnodige zaken.
7. *Kies voor nederige gewoontevorming.* Wees niet bang om klein te zijn en kies voor de juiste gewoontes die je richting rust brengen.
8. *Durf onaf te zijn.* Een leven lang mogen leren brengt je vanzelf in de rust.

Je vond in elk hoofdstuk al handreikingen hoe de rust toe te passen. Hieronder noem ik nog een aantal beproefde methodes rondom rust die heilzaam blijken voor veel mensen. Voeg ze toe aan je eigen goede gewoontes en doe er je voordeel mee.

Langere herstelperioden

Op adem komen kost een rust*poos*, zei monnik Anselm Grün ooit al. Neem voldoende hersteltijd nadat je hebt gewerkt, en soms ook een *poos*. We hebben het al eerder gehad over de heilzaamheid van dutjes en pauzes nemen, maar ook langere herstelperioden zijn van belang. Een vakantie is net als slaap: je moet ze regelmatig nemen wil je er voordeel van hebben. Uit onderzoek blijkt dat de eerste week van de vakantie het meeste geluk oplevert en dat het welbevinden daarna weer achteruitgaat. Het is dus beter af en toe een vakantie van een week te nemen in plaats van langere tijd.[81] Toch valt daar ook wel wat op aan te merken; wanneer je echte diepe rust wilt *beoefenen* – los van of dat goed of slecht voelt – is het goed soms wat langer weg te zijn, zodat je de drie treden van stilte kunt ervaren. Neem kloosterlingen die om die reden wel veertig dagen in een stiltecel bivakkeren. Maar dan hebben we het over iets anders dan vakantie.

Sabbatical

In de Joodse traditie neemt men eens per zeven jaar een sabbatical. De oorsprong daarvan ligt in de *Thora* waar God de Joden opdraagt om het land eens in de zeven jaar braak te laten liggen, zodat het kan herstellen. Als het Joodse volk dit doet belooft God hen vrede en zegen. Als ze het niet doen, zullen ze zich opgejaagd en uitgewoond voelen.[82] Het land moest in deze periode onbebouwd blijven. Wat er vanzelf aan het land ontsprong in dat jaar was voor de armen, vreemdelingen en dieren van het veld. Ook werden er in deze periode dan schulden kwijtgescholden en slaven bevrijd. Kortom: het sabbatsjaar was een jaar waarin veel werd 'opgeruimd' en daarna kon je een nieuwe start maken. Een sabbatical is voor mensen tegenwoordig een tijd van herbezinnen. Zelf heb ik aan de start van mijn onderneming besloten me in het zevende jaar een grote periode van rust te geven om weer te gaan schrijven.

Dat betekende een periode van voorbereiding en begrenzen. Wanneer je dat niet op tijd doet, word je als vanzelf weer bedolven onder van alles en nog wat. De ruimte die ik mezelf in mijn hoofd gun, is heilzaam. Er komt nog steeds van alles op mij af, maar ik zet het dit jaar even on hold. Ik heb langere tijd de ruimte om te luisteren naar mijn hart en de verlangens die ik mag volgen. Wanneer je een sabbatical neemt, is het slim daar met veel mensen over te spreken. Ze zullen je erop wijzen dat je een afspraak had gemaakt met jezelf, is mijn ervaring. Soms heb je een beetje hulp van anderen nodig om het vol te houden. Een sabbatical is ook een spannende periode, want het kan zijn dat je een periode geen inkomsten genereert. Ook is het zo dat je als ondernemer klanten kunt kwijtraken in je jaar van rust. Ik ken een aantal mensen die dat is overkomen, maar na het jaar ook zo lieten. Ze kwamen in dat jaar tot de conclusie dat ze te veel op hun toppen hadden geleefd en veel gelukkiger waren met minder geld en meer vrije tijd. Bereken je rijkdom aan de hand van je tijd, zei David Henry Thoreau ooit al. Hij stelt in zijn economische theorie dat je rijkdom niet moet berekenen aan de hand van wat je bezit, maar aan je vrije tijd. Deze vrije tijd blijft over nadat in al je behoeftes is voorzien. Hoe minder je nodig hebt, hoe rijker je bent. Thoreau trok zich twee jaar terug in het bos om zijn eigen filosofie te beoefenen en werd 'miljonair'! Hoe minder je nodig hebt, hoe rijker je bent. Waarin zou jij kunnen minderen zodat je rijker wordt? Een sabbatical is een mooie periode om dat te ontdekken.

Hoe minder je nodig hebt, hoe rijker je bent. Waarin zou jij kunnen minderen zodat je rijker wordt? Een sabbatical is een mooie periode om dat te ontdekken.

Overigens kan het ook zo zijn dat je door een sabbatical juist meer financieel succes krijgt. Ontwerper Stefan Sagmeister hield al meerdere sabbaticals, waar hij vol energie van terugkeerde. De klanten wisten hem opnieuw te vinden en na elke sabbatical won hij prestigieuze prijzen, zoals meerdere Grammy's en een National Design Award. Zelf zegt hij daarover dat hij wel had gedacht dat zijn rustpauzes hem vreugde zouden opleveren, maar dat ze hem ook financieel geen windeieren zouden leggen, had hij nooit vermoed.[83] In 2014 vertelde hij in een interview dat het nemen van sabbaticals het beste creatieve *business idea* is wat hij ooit heeft gehad.

Wanneer een sabbatical van een jaar geen optie is voor jou, denk dan eens aan een aantal weken vrij, zoals Bill Gates ook vaak deed. Het zijn weken of maanden waarin je even helemaal loskomt van je werk. Zoals psychologe Sonnentag al onderzocht, zijn de vruchtbaarste pauzes die van opzettelijke rust waarin je je hersenen actief aan het werk zet op een ander front. Je hoeft dus niet helemaal 'niks' te doen, maar je zorgt ervoor dat je een ander gedeelte van jezelf aanspreekt. Dit kan echt levensveranderend zijn, weet ik uit eigen ervaring, en hoeft geen maanden te duren. Zo bezocht ik met ontwikkelingsorganisatie Tear tien dagen lang verschillende projecten in Oeganda. Onze dagen bestonden uit ontmoetingen met de lokale bevolking, waarbij we aten, zongen en dansten. Voordat ik op reis ging, was ik al een tijdje erg down. In mijn privésituatie was er veel ziekte en onzekerheid en ik voelde me in mijn werk uitgeblust, zonder enige creativiteit. Al na een paar dagen in Oeganda voelde ik dat ik opnieuw landde in mijn lijf. Wat meehielp was het feit dat de wegen daar haast niet geplaveid zijn; bijna overal loop je rechtstreeks op de rode aarde. Wij bezochten geen projecten om onze kennis aan de Oegandezen over te brengen, maar leerden van hen. De houding van een leerling deed me goed. Mijn nieuwsgierigheid kwam tot leven en mijn zintuigen werden geprikkeld. Ik herinner me dat we met de bus in een dorp in de bush aankwamen. We werden begroet door zingende vrouwen met bosjes kruiden in hun handen. Alles geurde en zong, we konden niet anders dan de bus verlaten en ons dansend met hen laten meevoeren. Zonder woorden was er een enorme saamhorigheid en ik had me in lange tijd niet zo verkwikt gevoeld.

Spelen

Vanuit Oeganda beland ik bij het spelen. Want hoewel dit een werkreis was, speelden we als nooit tevoren. Er waren deze reis ook lange lezingen tussen vier muren – en daar werd veel interessants gezegd, maar ik leerde nog veel meer van de apen op een vroege ochtend aan de Nijl. We bivakkeerden een paar dagen in een retraitecentrum aan deze rivier, opgezet door de Nederlandse Ingrid Wilts. Bij aankomst hoorden we dat er een cobra gesignaleerd was, dus dat je bij elke wandeling goed moest opletten. Elke stap zette ik met aandacht; dit grondgebied was niet zomaar van de mens, maar ook van de dieren. De ochtenden zal ik nooit vergeten. De vogels die het eerst wakker werden: arenden, ijsvogeltjes, zilverreigers, wulpen, pelikanen en nog talloze andere – er leven langs de Nijl meer dan 450 soorten. Otters deden een morgendans en bij het ontwaken van de zon werden ook de apen wakker. Mijn favoriete plekje was de rand van de rivier. Wanneer je daar heel stil ging zitten, kwamen de apen steeds dichterbij. Dat was nooit gebeurd als ik daar al pratend had gestaan. Wanneer ik stil word, onderzoekt de schoonheid van het leven mij en komt me tegemoet, in plaats van dat ik haar wil grijpen. Dat was een diepe les voor mij, die ik tot in mijn lijf ervoer op die plek. Ik merkte ook nieuwe dingen in mijzelf op; een borrelende levensvreugde, het verlangen naar verbinding en spelen. De apen speelden de hele tijd. Natuurlijk waren ze ook drukdoende om hun kleintjes te verzorgen en zochten ze naar eten, maar ze konden soms tijdenlang van boom naar boom heen en weer springen, gewoon voor de lol. Wanneer had ik voor het laatst van die ouderwetse apenlol gehad? Sinds wanneer moest alles 'nut' hebben? Nut ligt meestal ergens in de toekomst en wanneer we daar steeds mee bezig zijn, hebben momenten soms maar weinig verzadiging in zichzelf.

Wanneer had ik voor het laatst van die ouderwetse apenlol gehad? Sinds wanneer moest alles 'nut' hebben? Nut ligt meestal ergens in de toekomst en wanneer we daar steeds mee bezig zijn, hebben momenten soms maar weinig verzadiging in zichzelf.

Hét kenmerk van echt diep spelen, is dat het in zichzelf verzadigend is. Het vereist al je aandacht; je gaat helemaal op in je spel. Onbewust leer je omgaan met nieuwe uitdagingen, je lijf wordt wendbaarder en flexibeler, je stress vermindert, je creativiteit en zelfverzekerdheid gaan met sprongen vooruit, je kunt effectiever leren, je leert je tot de wereld 'verhouden', je ontdekt het samenwerken, je voelt je vrijer, je komt in een *flow*, je leert negatieve emoties hanteren, je maakt je complexe vaardigheden eigen, je uit je emoties, je experimenteert met andere rollen en voelt je een vrijer mens. Al deze geweldige voordelen zijn alleen niet de reden waarom je speelt! Nee, je speelt omdat je het leuk vindt. De zeventiende eeuwse filosoof Jeremy Bentham sprak over *deep play*. Het gaat bij echt of diep spelen niet om rationele of materiële zaken, maar om een web van betekenissen dat mensen zelf spinnen terwijl ze gewoon plezier hebben. Spelen is de mooiste manier van leren en helaas doen we het steeds minder. Op school wordt het je afgeleerd, maar later moet je het weer aanleren; hoe jammer is dat! Moedig een kind aan als hij speelt, straf hem er niet voor. Laten we speelser leven aanmoedigen en ruimte geven. Dat betekent dat je je perfectionisme moet thuislaten, want dat is funest voor spelen. Laat het doel van je activiteiten soms even los; je hoeft vandaag geen tienduizend stappen te maken, je wandelt gewoon een speels rondje. Je bent vandaag een amateur. 'Amateur' komt uit het Frans en betekent dat je een *liefhebber* bent. Geef je hersenen ook wat ruimte om lief te hebben in plaats van steeds maar de professional uit te hangen. Waarvan ga jij zingen, dansen en rennen?

Beweging

Beweging is een essentiële vorm van pauze nemen. In een tijd waarin we vooral achter onze computers zitten, zorgt het ervoor dat we weer een 'heel' mens worden. Een psycholoog die ik ken, neemt alleen mensen aan die drie keer per week sporten: 'Wanneer er dan nog klachten zijn, is er echt iets aan de hand.'

Allereerst zijn we door beweging bezig met onze spierspanning en -ontspanning. Wanneer je je spierstelsel weet te ontspannen, verminderen of verdwijnen zorgen en psychische spanning, blijkt ook uit onderzoek in 1908 van Edmond Jacobson, hoogleraar aan de medische faculteit van Harvard.[84] Wanneer je beweegt, doe je dat bij voorkeur in een groene omgeving. De stilte en rust van de natuur blijken voor de hersenen ongelofelijk rustgevend te zijn. Wandelaars zijn minder neerslachtig en hebben meer zelfvertrouwen. Bovendien word je creatief van de stilte in de natuur en kun je beter problemen oplossen. Mensen die veel wandelen verbeteren al wandelend hun immuunsysteem. Een weekend wandelen in het bos, beschermt ons vier weken lang tegen infecties zoals verkoudheid![85] In de natuur komen bovendien al je zintuigen tot leven en werk je aan je onderscheidingsvermogen. Interessant is ook dat wetenschappers die het ver schopten, meer in de natuur bleken te bewegen. Socioloog Bernice Eiduson deed daar rond 1950 onderzoek naar. Volgens dit onderzoek hebben topwetenschappers allemaal één ding gemeen: ze sporten meer dan hun minder succesvolle collega's.[86] Niet alleen wetenschappers hebben baat bij beweging, ook

schrijvers, artsen, zakenmannen en -vrouwen komen tot betere prestaties. Zakenvrouwen die goed presteren, blijken veel te sporten en brengen hun succes vaak in verband daarmee.[87]
Beweging kan je ook op andere manieren psychisch helpen; dit zie je terug in het leven van Nelson Mandela. Toen hij gevangenzat op Robbeneiland gebruikte hij beweging om zijn 'vrijheid' te behouden. Hij moest hard werken van zijn bewakers, maar deed daarnaast ook nog zijn eigen oefeningen, zoals rennen op de plaats en push-ups. Daarin hield hij zijn eigen ritme aan; hij voelde zich daardoor meer dan een gevangene en hij leerde de discipline waar hij later nog veel aan zou hebben. Toen hij vrijkwam, bleef hij bewegen.
Mocht je nu niet zo'n krachtpatser zijn als Mandela: gewoon bewegen werkt net zo goed. Uit onderzoek van Dan Buetner blijkt dat mensen die wonen in de *Blue Zones* (waar je het gezondst en gelukkigst oud wordt) niet per se sporten of gewichtheffen.[88] Ze bewegen functioneel, zoals tuinieren, lopen, klussen of dansen. Niet voor niets is mijn slogan in het leven: loop nooit als je kunt dansen!

Onverwachte soul friends

Wanneer jij veel werkt, is het essentieel af en toe even uit je geijkte patronen te komen. Voor je het weet, zit je in de bubbel van je eigen gedachten. In het hoofdstuk *Durf onaf te zijn* las je over Holy Island waar ze het begrip *soul friends* als leefregel in de praktijk brengen. Het komt er kort gezegd op neer dat je je laat bevragen door mensen die anders zijn dan jij. Uiteindelijk worden deze mensen *soul friends*; mensen die je ziel durven te bevragen en jij die van hen. Durf klein te blijven en het steeds weer van een andere kant te bekijken. Klein blijven en je omgeving elke keer weer tegemoet kunnen komen, is een tegengif voor burn-out. Blijf in contact met mensen die anders zijn dan jij; het zorgt voor minder angst en meer liefde. De Amerikaanse psycholoog Gordon Allport ontdekte dat in zijn *contacttheorie.* Wanneer mensen van verschillende groepen meer contact met elkaar hadden, ontstonden er minder vooroordelen en meer samenwerking. Bekend maakt bemind en rust volgt dan vanzelf. In 1943 waren er rassenrellen in Detroit, maar sociologen merkten op dat de mensen die buren waren niet met elkaar op de vuist gingen. Sterker nog: de mensen die naast elkaar woonden, hadden elkaar beschermd. Sommige witte families lieten hun zwarte buren zelfs onderduiken.[89] Later onderzoek uit 38 landen maakte duidelijk: contact leidt tot meer vertrouwen, saamhorigheid en meer hulp over en weer. Wanneer je de wereld ziet door de ogen van een ander maakt dat je toleranter en milder.[90] Grote leiders die dit leren uitoefenen, hebben een invloed van rust die zijn weerga niet kent. Denk maar aan Nelson Mandela die na zijn gevangenschap communiceerde met vriend en vijand om te zorgen voor vrede. Dat kwam niet zomaar uit de lucht vallen; al tijdens zijn gevangenschap verplaatste hij zich in zijn gevangenbewaarders en probeerde zijn medegevangenen ervan te overtuigen dat zij geen monsters maar mensen waren. Hij bestudeerde hun levenswijze, las talloze boeken over de geschiedenis en de cultuur van de Afrikaners en leerde hun taal. Daarmee bewees hij zijn land een onschatbare dienst.[91]

In een tijd van polarisatie is het voor iedereen helpend om elkaar beter te leren kennen. Zelf heb ik samen met mijn gezin bijna zestien jaar in Kanaleneiland in Utrecht gewoond. Als autochtone Nederlanders maakten we daar maar een klein deel van de bevolking uit. Veel mensen vonden het spannend dat wij er met ons gezin gingen wonen en waren ervan overtuigd dat we zouden vertrekken zodra er kinderen kwamen. Maar ik kreeg er vrienden en ontdekte het heerlijke eten van verschillende culturen. Dat kwam ook doordat we ons actief mengden met elkaar. We organiseerden vrouwenavonden, een voedselbank en zaten elke woensdagavond met een gemêleerd gezelschap rond de tafel. Ik voelde me daardoor veilig in wat bekendstond als de meest onveilige buurt van Utrecht. Sterker nog: ik begon van deze wijk te houden en mijn kinderen met mij. Er ontstond een buurtcentrum waar een naaiatelier werd geopend. Daar werkten mensen uit de wijk en vluchtelingen zonder toekomstperspectief. Toen de dreiging van terrorisme toenam, dansten wij met elkaar.

Dansen is wat veel vluchtelingen het meest missen uit hun land van herkomst. Op een ochtend werd ik wakker met een droom voor een groot dansfeest waarin Nederlanders vluchtelingen dansend zouden welkom heten. Een feest met lange tafels vol eten en de beste muziek die er maar voorhanden was. De droom bleef rondzingen, maar ik had geen tijd. Daar trok mijn verlangen zich niets van aan. Verlangen bidt altijd, zei Augustinus ooit, en hij had gelijk. De droom ging niet meer uit mijn hoofd. Toen besefte ik dat ik dit alleen wilde organiseren als het feest zou kunnen plaatsvinden op een prachtige plek. Geen achterafzaaltje maar een *top of the bill* locatie voor de mensen die vaak al zoveel hadden doorstaan. Een week later werd ik gebeld door een onbekende man. Of ik een keer wilde rondlopen in de Pauwenhof, het voormalig conferentiecentrum van de Nederlandse Bank in de bossen van Voorthuizen. Ze hadden het 'gevoel' dat ik daar iets zou kunnen betekenen. Toen ik het opzocht op de computer, viel ik bijna van mijn stoel. Dit was het pand waar we gingen dansen met vluchtelingen! Tijdens mijn eerste bezoek verwachtte men dat ik er retraites zou willen geven en waren ze hoogst verbaasd. Maar ik kreeg carte blanche: we mochten het pand gratis gebruiken en al gauw hadden we een team van vrijwilligers op de been en werkten we samen in een stichting. Besef goed, dit was in 2015 toen er grote angst was voor alles wat buitenlands was en de terrorismedreiging groot was. Maar de wens van mensen om te verbinden was bij velen groter. De kaartverkoop liep zo goed dat we daarom moesten uitwijken naar een ander pand. Een week voordat het feest zou plaatsvinden, werd ik gebeld door een *soul friend.* Zij was een gelovige vrouw en vertelde mij dat ze een 'droom' gehad had. 'Ik vind het heel naar om te zeggen, maar het feest zal niet doorgaan,' vertelde ze. 'Je krijgt het terug in handen, maar kleiner.' Het was moedig dat ze dit aan me durfde te vertellen; een week later zou het feest met ruim vierhonderd man plaatsvinden en ik gaf haar eerlijk aan dat ik niet wist wat ik met haar droom moest, maar dat ik alert zou zijn. Vier dagen voor het feest werd ik gebeld door de politie; er waren bedreigingen gericht aan mijn persoon en het feest door extreem-rechts; ze vonden het onverantwoord om het feest door te laten gaan. Ik kon volledig in rust blijven; mijn *soul friend* had me voorbereid. Het werd een gekke week van aangiftes, talloze media die er bovenop doken en besprekingen hoe nu verder. We kwamen met het hele vrijwilligersteam en veel vluchtelingen bij elkaar en organiseerden een pre-party; iedereen was onverminderd enthousiast om het feest alsnog te houden en ik wist dat we moesten terugkeren naar de Pauwenhof. 'Wij dansen door,' tekende dagblad *Trouw* op, en zo gebeurde het. Een paar maanden later organiseerden we zonder ruchtbaarheid een kleinschaliger feest en met ruim tweehonderd mensen uit allerlei culturen hadden we een geweldige tijd! Op de plek waar ooit de top van de Nederlandse Bank de grootste deals sloot, een plek van de rijken, dansten nu mensen zonder enig bezit of status.

Dans of praat met degene die je niet kent; durf de stap te nemen. Het bracht mij op plekken waar ik nog nooit eerder was geweest en leerde me samenwerken in nieuwe dimensies.

De blijvende vluchtelingenstromen bieden ons nieuwe kansen tot verbinding, stelt ook de Duitse socioloog Hartmut Rosa.

Deze mensen zijn vaak gevlucht uit een dictatuur en we hebben meer met hen gemeen dan we denken. Hij stelt dat we leven in een dictatuur van versnelling.

In een dictatuur word je midden in de nacht van je bed gelicht, hier worden mensen wakker met een steen op hun borst: ik ga het allemaal niet redden, wat ik morgen allemaal nog moet doen.[92]

Versnelling in ons leven leidt tot vervreemding en zo zijn wij net zozeer vreemdelingen voor elkaar als al die nieuwkomers die ons land binnenkomen. Vluchtelingen leren ons om echt verbinding aan te gaan, zonder dat het ons direct wat oplevert of nuttig moet zijn. De vluchtelingenstromen zijn een weg terug naar ons hart, stelt Rosa zelfs. Ik kan niet anders dan dit beamen. Want ik had geen tijd om het dansfeest te organiseren en wilde er lange tijd niet aan – toch bleef mijn hart roepen en verlangen naar meer. Wanneer ik later op mijn schommelstoel zit, zal ik met vreugde terugdenken aan de uitdagingen die we samen hebben overwonnen om te dansen voor vrede.[93] Dit feest was in het groot een voorbeeld van hoe het in het klein kan. In het Huis van Vrede in Kanaleneiland dansen mensen vaker met elkaar. Ik zal me de mooie tijd dat ik woonde tussen culturen in Kanaleneiland altijd blijven herinneren. We hoeven geen grootse daden te verrichten om tot verbinding te komen – een simpel *hallo* kan een nieuwe wereld openen.

Misschien woon, werk of leef jij in een omgeving waarin je weinig andersdenkenden tegenkomt die jou in de vertraging brengen. Vraag je dan af of je inmiddels 'alleen' op de top

Kinderen leren je het langzame leven vol overgave te leven. Elke goede leider zou een kind in de buurt moeten hebben met wie hij af en toe optrekt. Een kind dat onbevangen vragen stelt, een kind dat speelt, ontdekt, groeit en deelt met vallen en opstaan.

van de berg zit en of je in beweging kunt komen om anderen te ontmoeten. Dat hoeft niet ver weg te zijn, want ik geloof dat er overal wel kinderen rondlopen. Kniel je omgeving

tegemoet en sta eens stil bij een kind in jouw omgeving. Wanneer je dat doet kan het zomaar zijn dat je onbewust stilstaat bij het kind in jezelf. Kinderen leren je het langzame leven vol overgave te leven. Elke goede leider zou een kind in de buurt moeten hebben met wie hij af en toe optrekt. Een kind dat onbevangen vragen stelt, een kind dat speelt, ontdekt, groeit en deelt met vallen en opstaan. Voor mijn boek *Lucht in je gezin* – dat hierover gaat – interviewde ik projectleider Robin. Hij had zijn leven altijd goed op orde; het leven ging van A naar B. Totdat hij en zijn vrouw na lang wachten eindelijk een zoontje kregen en de befaamde roze wolk voor Robin uitbleef. 'Eerlijk gezegd werd ik steeds chagrijniger en de dag dat ik voor mijn kind moest zorgen vond ik lange tijd de meest verschrikkelijke dag van de week. Opeens zat ik doelloos met autootjes te spelen. Na tien minuten had ik het wel gezien, terwijl mijn zoontje nog maar net begonnen was. Mijn zoontje is nu drie jaar; zo lang heb ik nodig gehad om te leren nietsdoen en lanterfanten. Het liefst zet ik mijn zoontje voor op de fiets en gaan we er uren op uit. Ik ontdek steeds meer dat er een andere wereld bestaat naast de prestatiemaatschappij en hoe waardevol die eigenlijk is.'
Hoe is dat met jou? Kun je nietsdoen en omgaan met mensen zonder enig doel dan gewoon te 'zijn'? Zelf wil ik me daar elke keer weer in oefenen. Daarom kocht ik op een rommelmarkt een klein tegeltje dat op een belangrijke plek in mijn werkkamer hangt: *Wie geen tijd heeft, kan er niet mee omgaan.* Die spreuk houdt me nederig. Druk zijn is geen prestatie, ook al voel je je heel wat.

Meditatie

Waar het voor de één direct een heerlijk gevoel oplevert, krijgt de ander direct al weerstand bij het woord *mediteren.* Ik zal toegeven dat ik lange tijd behoorde bij de laatste soort. Mediteren was iets voor zweverige types, een onnuttige bezigheid van introspectie, terwijl er buiten genoeg te doen was. Ik mediteerde nooit, ik leefde. Tenminste, ik dacht dat ik leefde, totdat ik in die hevige burn-out belandde. Mijn burn-out is de langste 'meditatie' die ik in mijn leven heb gehad; een schreeuw om vitaliteit die ik graag had willen missen, maar enorm heb leren waarderen.

Mediteren betekent niets anders dan beschouwen en overpeinzen. Verwar het niet met transcendente meditatie, die tot doel heeft je geest uit je lichaam te laten treden. Bij mediteren doen je lichaam en geest juist volop mee. Je brein verandert er wel door, daarover straks meer. In het woord 'meditatie' zit het Latijnse werkwoord *medeor*, wat *helen* betekent. In de stilte geneest je onrustige hart. Meditatie maakt je innerlijk kalmer, reguleert je adem en zorgt voor minder stressgevoel. Mensen worden er ook minder egocentrisch van en dat is te verklaren door het gevoel dat meditatie oplevert.

In de stilte geneest je onrustige hart.

Neurowetenschapper Francisco Varela, iemand die zelf veel mediteert, noemt de diepste kern van de meditatie 'het diepe heden'.[94] Dit is een toestand van rust waarin het mogelijk is een oorspronkelijk, vibrerend en energetisch bewustzijn te ervaren. Volgens hem zijn we in staat om, voorbij onze gedachten, een oergeluid te ervaren; een geluid zonder begin of einde. Er bestaat niets wat dieper of mooier is. Zelf beschrijf ik dit als gelovig mens als het ritme van Gods liefde. De toon van liefde resoneert overal in de schepping, in een eeuwige cadans. Wij proberen van ons leven vaak een indrukwekkende compositie te maken, maar het muziekstuk bestaat al! Wanneer je als mens je plek daarin weet te ontdekken, wordt leven als vanzelf muziek. Dit werkt overal in door. Mensen die proberen goed te leren bidden of mediteren, lopen vaak stuk. Ze zijn te veel bezig met hun eigen goede compositie en missen daarom de stille stroom die er al is.[95]

In de kloostertraditie noemt men dit diepe bidden of mediteren *contemplatio*; je laat je eigen gedachten los om de hogere gedachten van God op het spoor te komen.
Wetenschappelijk gezien wordt er steeds meer onderzoek naar de werking van meditatie verricht. Zijn het slechts mystieke ervaringen of is er meer te zeggen? Uit recent onderzoek van psycholoog Judson Brewer van de medische faculteit van Yale blijkt dat er bij meditatiebeoefenaars een verandering ontstaat in het standaardnetwerk van ons brein – het netwerk dat functioneert in rust.[96] Het gebied in dit netwerk dat een rol speelt in het gevoel iemand te zijn, vertoont tijdens meditatie veel minder activiteit. Daaruit maakte Brewer op dat je minder gericht bent op het ik. Wanneer je geest normaliter ronddwaalt, zijn die gedachten grotendeels gericht op jezelf; we denken bij dagdromen vooral aan dingen die met onszelf te maken hebben. Meditatie deactiveert dit ego als het ware. Ook onderzoek onder Franse nonnen laat zien dat er tijdens het gebed een afnemende hersenactiviteit is in gebieden van het standaardnetwerk van het brein.[97] De kwab die de functie heeft om je te kunnen oriënteren in de ruimte toonde veel minder activiteit bij de nonnen. Ze ervoeren zelf ook tijdens het gebed dat ze deel uitmaakten van een groter geheel. Het komt overeen met mijn eigen ervaringen rondom meditatie. Zelf mediteer ik meestal met de Bijbel; ik schreef er *Het Stiltedagboek* met 365 meditaties over, de zogenaamde lectio divina's. De lectio divina is een bijbellezing die men toepast in de benedictijnse kloostertraditie en ik zou deze methode iedereen aanraden, of je nu gelovig of niet-gelovig bent. Je leest de tekst langzaam en meerdere malen met de bedoeling om de waarheid uit de tekst tot je te laten doordringen. *Slow reading* als tegengif voor alle snelheid waarmee we alles tegenwoordig tot ons moeten nemen. Het gaat om ontvankelijk lezen met het hart. Het is niet de bedoeling dat jij de tekst jouw vragen oplegt, maar andersom: de tekst mag vragen aan jou

stellen.[98] Welk woord of welke zin raakt je? Lezen is meer dan het uitspreken van letters. De tekst bevat een diepere laag. Dieper lezen is dieper duiken. Net zoals de zee zien iets anders is dan erin zwemmen, is een tekst *lezen* iets anders dan een tekst *overpeinzen*. Je loopt als het ware op met de tekst, met God als metgezel in een prettig zwijgen. Jij doet niet langer een meditatie, maar de meditatie doet iets met jou. Monnik Guigo, de prior van het stilteklooster de Grande Chartreuse in Frankrijk, zegt het als volgt:

Het lezen van de tekst legt het voedsel in de mond.
Meditatie kauwt en verdeelt het.
Bidden proeft de smaak ervan.
Contemplatio is de zoetheid zelf die blij maakt en verfrist.

Contemplatio vergt oefening; het is niet iets wat je kunt bemachtigen of grijpen, je kunt je ervoor openstellen. Dat is volgens de monniken niet alleen aan hen voorbehouden, al hebben zij het makkelijk omdat hun hele gewoontevorming erop gericht is om dit te oefenen. Johannes Chrystonomus, aartsbisschop van Constantinopel zegt: *Zij die in de wereld geplaatst zijn en de hele dag wonden oplopen, hebben de meeste behoefte aan dit medicijn.*

Grote kans dat je dit nog steeds erg zweverig vindt klinken. Mijn ervaring is dat dit totaal omdraait als je het meemaakt. Juist het feit dat ik continu rondren en druk ben met mijn eigen gedachten, maakt dat ik 'zweef'. In de stilte komen voelt als landen met mijn voeten op de aarde en maakt me een heel mens. Tijdens de vele retraites die ik heb mogen begeleiden, zie ik het steeds weer gebeuren. Mensen ervaren rust, diepe dankbaarheid en innerlijke vrede, ook al lijkt alles om hen heen nog steeds niet te kloppen. Vanuit dat tegenwicht kun je het dagelijks leven weer tegemoet treden met nieuw elan. Overigens is het goed om te weten dat niet

iedereen direct zo'n geweldige ervaring in de stilte heeft. Ook monniken die contemplatio oefenen, getuigen van lange droge periodes in hun leven. Dat maakt nederig; het leven hangt heus niet af van de lengte en de manier waarop jij mediteert. Je bent al gekend, geheiligd en aangesteld – dat is het startpunt in de christelijke traditie. Van daaruit ontdek je spelenderwijs hoe jij dit tot in elke vezel van je lichaam kunt uitleven.
Wanneer mensen een retraite bezoeken, hebben ze daar soms jaren over nagedacht voordat ze de stap wagen. Is het niet heel egoïstisch om zo met jezelf bezig te zijn in de stilte? Het is een vraag die ik vaak krijg. Dan citeer ik graag Henri Nouwen. *Stilte brengt verbondenheid met eenieder tot stand, stilte brengt je in de wereld,* zegt hij. Ze stelt je in staat jezelf niet langer als middelpunt van de wereld te ervaren, maar laat je diep beseffen dat je verbonden bent met anderen. Van daaruit ontstaat een natuurlijke beweging richting elkaar.

Met toestemming van mijn goede vriend en oud-herder Sjoerd Stellingwerf, sluit ik af met een bijzondere groet van hem. Hij raakte in een bestaanscrisis op de heide, maar vond nieuwe vreugde. Met hem gun ik je deze veldspraak over welzijn in je werk en privé:

Vier het
wonderlijk weten
dat de bron
van alle goeds
jouw ademtocht
vandaag een
nieuwe ruimte schenkt

in vriendschap jou
bestaansrecht biedt:

ga maar
besta maar
wees maar
en ben.

ONTHAASTING

- ✓ Met welke leefregel uit dit boek wil jij de komende maand optrekken? Kies er minimaal één en gebruik een van de onderstaande manieren van rust om deze leefbelofte uit te diepen.

- ✓ *Langere hersteltijd:* pak je agenda en plan een week weg voor jezelf.

- ✓ *Sabbatical:* hoe kun je een langere rusttijd voor jezelf nemen? Begin erover te dromen en praat er met mensen over. Hoe ziet jouw ideale sabbatical eruit?

- ✓ *Soul friends:* met welke vriend(in) in je omgeving kun jij je zielsvragen bespreken?

- ✓ *Spelen:* wanneer heb jij voor het laatst gespeeld? Plan dit voor komende week in.

- ✓ *Beweging:* denk niet langer na, maar trek je schoenen aan!

- ✓ *Meditatie*, waag je er eens aan! Wanneer je aanschuift bij de Leestafel op www.mirjamvandervegt.nl ontvang je bijvoorbeeld de methode van de lectio divina in een aantal stappen. Je vindt ze ook in Het *Stiltedagboek* – met 365 lectio divina's.

De inhoud van dit boek beleven?
De inhoud van dit boek kun je ook in het echt beleven.
Bij het boek hoort een **8 weekse online training**, die je stap voor stap meeneemt door de hoofdstukken. Je ontvangt dagelijkse open reflectievragen en video's met de inspirators uit dit boek.

www.dekrachtvanrust.nl

Op de werkvloer is een **onthaastende bedrijfssessie** mogelijk. Mirjam neemt je op ontspannen interactieve wijze mee in de lessen van dit boek.

Met de **QS Online Stiltetraining van een jaar** ontdek je hoe je rust als basis kunt toepassen in werk en leven.
www.training.mirjamvandervegt.nl

De veelgelezen **Stiltelijn** (ruim 50.000 exemplaren verkocht) bestaat onder andere uit de bestseller *Koester je hart* en het veelgelezen *Stiltedagboek* en *Adem de dag*.

Check voor alle trainingen, retraites en overige boeken www.mirjamvandervegt.nl. Hier kun je je ook aanmelden voor een gratis wekelijkse reflectie die je aanmoedigt tot meer rust in je leven.

Ambassadeur van Tearfund

Met liefde ben ik ambassadeur voor Tearfund; een bijzondere ontwikkelingsorganisatie die mensen wereldwijd in hun kracht zet. Tearfund is een club met bevlogen medewerkers: de werknemers worden aangemoedigd ook zelf aan reflectie te doen of om op retraite te gaan. Vanaf het begin van onze samenwerking wist ik dat onze doelen goed bij elkaar passen. Stilte en activisme zijn geen tegenpolen, maar versterken elkaar juist. Ieder mens heeft een unieke kiemkracht en Tearfund zet mensen stil om die kracht aan te boren; deze organisatie helpt mensen om zelf op te staan uit armoede en onrecht. Een aantal verhalen uit dit boek was ik niet op het spoor gekomen zonder het mooie werk van Tearfund. Steun het werk van Tearfund en ontdek nog meer bijzondere verhalen. Ik beveel hun werk van harte aan!

www.tearfund.nl

Eindnoten

Inleiding

1 'Zo zullen de monniken altijd gereed zijn, en zodra het teken gegeven wordt, staan ze zonder weifelen op en haasten zich naar de vieringen – altijd met inachtneming van de waardigheid en bescheidenheid.' *Regula Benedicti*, 22.6.

2 'Pew Research Center Survey of Teens Ages 13-17 Final Topline,' Pew Research Center, geraadpleegd op 17 februari 2020, https://www.pewsocialtrends.org/wp-content/uploads/sites/3/2019/02/Pew-Research-Center_Teens-report-topline_final.pdf.

3 Derek Thompson, 'Workism Is Making Americans Miserable,' in *The Atlantic*, 24 februari 2019, https://www.theatlantic.com/ideas/archive/2019/02/religion-workism-making-americans-miserable/583441/.

4 Sociaal en Cultureel Planbureau, *Met het oog op de tijd. Een blik op de tijdsbesteding van Nederlanders*, 2013; *Lekker vrij!? Vrije tijd, tijdsdruk en de relatie met de arbeidsduur van vrouwen*. 2016.

5 Sociaal en Cultureel Planbureau, *De toekomst tegemoet, Nederland richting 2050; Leren, werken, zorgen, samenleven en consumeren in het Nederland van later.* 2016.

6 Dirk de Wachter, *Borderline Times*; *Het einde van de normaliteit.* Antwerpen Terra-Lannoo, 2016.

7 Emiel Hakkenes & Caroline van Keeken, 'Abdijweekend? Boek een half jaar van tevoren,' in *Trouw*, 30 maart 2013, https://www.trouw.nl/nieuws/abdijweekend-boek-een-half-jaar-van-tevoren~b98aee5a/.

8 Alex Soojung-Kim Pang, *Rest. Why You Get More Done When You Work Less.* Londen, Penguin Random House, 2018, p. 11.

9 Sara Maitland, *Stilte als antwoord.* Schiedam, Scriptum, 2010.

Hoofdstuk 1. Pauzes verdienen zichzelf terug

10 Katja Staartjes, *Topinspiratie. Van droom tot succes.* Amsterdam, Podium 2018; *Topteams. Samen bergen verzetten.* Deventer, Management Impact, 2019.

11 Rien van der Dussen, *Ademtherapie bij chronische vermoeidheid.* GoFysio.

12 Michel le van Quyen, *Wat stilte met je hersenen doet.* Ten Have, 2020.

13 Geraerts, *Het nieuwe mentaal. Hoe lef je op weg zet naar geluk en succes.* Amsterdam, Lannoo 2016, p. 62.

14 Sendhil Mullainathan en Eldar Shafir, *Schaarste. Hoe gebrek aan tijd en geld ons gedrag bepalen.* Amsterdam, Maven Publishing, 2013.

15 Salvador Dali, *Cinquante secrets magnifique.* Lausanne, Edita, La Bibliotheque des Arts, 1985.

16 A. Brooks, L. Lack, 'A brief afternoon nap following noctural sleep restriction; which nap is most recuperative' in *Sleep*, 29 (6), 2006, pp. 831-840.

17 https://www.demaakbaremens.org/themas/slapen/slaapfasen/

18 Sabine Sonnentag, 'Recovery, Work Engagement, and Proactive Behavior: A New Look at the Interface Between Nonwork and Work' in *Journal of Applied Psychology* 88:3 (2003), pp. 518-528.

19 Pang, *Rest.* p. 171-172.

20 https://www.augusta.com/masters/story/history/eisenhower-loved-augusta-national-and-city-loved-him-back)

21 Pang, *Rest.* p. 36, 39-40, 48.

22 Maitland, *Stilte als antwoord.* p. 203.

23 https://time.com/5622094/what-is-niksen/

24 M. Raichle, 'The brain darks energy' in *Science*, 314, 2006, pp. 1249-1250.

25 T.D. Wilson, D.A Reinhard, E.C. Westgate, D.T. Gilbert, N. Ellerbeck, C. Hahn, C.L. Brown, A. Shaked, 'Just think: the Challenges of the Disengaged Mind' in *Science*, 2014, pp. 75-77.

26 Blaise Pascal, *Gedachten.* Amsterdam, Van Holkema en Warendorf, 2013.

27 R. Timmermans, *Hunkeren naar rust. Pelgrimeren door de regel van Benedictus.* Kampen, Ten Have, 2011.

Hoofdstuk 2. Beoordeel de dag naar wat je zaait, in plaats van oogst

28 2 Korintiërs 9:10.

29 https://portal.eo.nl/programmas/tv/gefileerd/gemist/aflevering/2020/02/rijst-en-t-rode-licht.

30 https://www.theatlantic.com/ideas/archive/2019/02/religion-workism-making-americans-miserable/583441/

31 https://www.theatlantic.com/business/archive/2016/04/too-many-elite-american-men-are-obsessed-with-work/479940/

32 Leviticus 19:19.

Hoofdstuk 3. Wees onbereikbaar om beschikbaar te zijn

33 Tonya Dalton, *The Joy of Missing Out, Live More by Doing Less.* Nashville, Nelsons Books. 2019, p. 41.

34 Marianne Williamson, *Terugkeer naar liefde.* Utrecht, AnkhHermes, 2018, pp. 307-308.

35 Søren Kierkegaard, *Onverdeeld één ding te willen.* Amsterdam, Buijten en Schipperheijn Motief, 2010.

36 Daniel Kahneman, *Ons feilbare denken, Thinking, fast and slow.* Amsterdam, Business Contact, 2016.

37 https://www.mindsciences.com/articles/our-two-brains-mindfulness-and-decision-making/

38 Pang, *Rest.* p. 62.

39 Elke Geraerts, *Het nieuwe mentaal. Hoe lef je op weg zet van geluk en* succes. Tielt, Lannoo, 2016, p. 48.

40 T. Nakano e.a., 'Blink-related momentary activation of the default mode network while viewing video's'. Proc Natl Acad Sci USA, 8, 2013, pp. 702-706.

41 G. Mark, S.T. lqbl, M. Czerwinski, P. Johns, A. Sano, 'Neurotics can't focus; Study of Online Multi-tasking in the Workplace' in *CHI*, 2016, pp. 1739-1744, geciteerd in Michel le Van Quyen, *Wat stilte met je hersenen doet.* Ten Have, 2020.

42 G. Mark, V.M Gonzales, J. Harris, 'No task left behind? Examining the nature of fragmented work' in *Proceedings of ACM CHI*, 2005, geciteerd in Le Van Quyen (zie noot 41).

43 https://demonitor.kro-ncrv.nl/onderzoeken/ziek-door-mijn-werk

44 Michel le van Quyen, *Wat stilte met je hersenen doet*, p. 81

45 I.I. Kirste, Z. Nikola, G. Kronenburg, T.L. Walker, R.C. Liu, G. Kempermann, 'Is silence golden?' Brain Struct Funct, 220, 2015, pp. 1221-1228, geciteerd in Le Van Quyen (zie noot 41).

46 Pang, *Rest.* p. 60.

47 Dalton, *The Joy of Missing Out,* p. 73.

Hoofdstuk 4. Schenk de wereld je waardigheid

48 Susan Davids, *Emotionele flexibiliteit, laat los, omarm verandering en bloei op in je werk en je leven.* Amsterdam, Boekerij, 2017.

49 Vierdelige documentairereeks Bezieling in de zorg, KRO-RKK, 2016.

Hoofdstuk 5. Alles wat vandaag op je pad komt, is genoeg

50 Peter Zantingh, 'Mens zijn vind ik best ongemakkelijk' in *NRC,* 18 december 2019, https://www.nrc.nl/nieuws/2019/12/18/.

51 Henri Nouwen, *Wie ben ik? Drie onvergetelijke preken.* Baarn, Adveniat, 2018.

52 Henri Nouwen, *Wie ben ik? Drie onvergetelijke preken.* Baarn, Adveniat, 2018.

53 Nouwen, *Wie ben ik? idem.*

54 Brené Brown, *Dare to lead.* New York, Random House, 2018.

55 Eric Galle, *Als de stilte roept.* Baarn, Adveniat, 2019, p. 32.

56 Mirjam van der Vegt, *De laatste patiënt.* Zoetermeer, Mozaïek, 2011.

57 Rodaan Al Galidi & Geertje Aalders, *Arabische sprookjes.* Haarlem, Gottmer, 2018, p. 86.

Hoofdstuk 6. Van keuzevrijheid naar gehoorzame vrijheid

58 Jamison, C., *Levenslessen van een abt.* Amsterdam, Lannoo, 2009, p. 97.

59 https://www.cps.nl/blog/2019/10/28/Empathie-jong-geleerd-is-oud-gedaan.

60 Pang, *Rest,* p. 34; Marcus E. Raichle, 'The Brain's Default Mode Network' in *Annual Reviews in Neuroscience* 38, 2015, pp. 433-447.

61 Pang, *Rest.* p. 275.

62 Mattheus 11:28.

63 H. Ebbinghaus, 'Memory: A contribution to Experimental Psychology' in *Ann Neurosci*, 20, 1885, pp. 155-156.

64 Michel le van Quyen, *Wat stilte met je hersenen doet*, p.109.

65 John P. Streleckly, *The Why Cafe, een inspirerende reis naar jezelf.* Utrecht, Ankh-Hermes, 2013, pp. 56-59.

Hoofdstuk 7. Kies voor nederige gewoontevorming

66 https://visie.eo.nl/2019/12/hoe-lauren-daigle-doorbrak-in-de-seculiere-muziekwereld/.

67 'A growing body of research suggests that as little as 5 percent of our behaviors are consciously self-directed. We are creatures of habit and as much as 95 percent of what we do occurs automatically or in reaction to a demand or an anxiety.' Jim Loehr, Tony Schwarz, *The Power of Full Engagement: Managing Energy, Not Time, Is the Key to High Performance and Personal Renewal.* New York, Free Press, 2003.

68 Karl Anders Ericsson, 'Attaining Excellence Through Deliberate Practice: Insights from the Study of Expert Performance' in Michel Ferrari ed., *The Pursuit of Excellence Through Education.* Londen: Routledge, 2001, p. 21-56.

69 Carl Seashore, *Psychology of music.* New York, Dover Publications, 2003, p. 155.

70 Pang, *Rest. p.*74.

71 Deze bekende uitspraak wordt toegeschreven aan Antoine de Saint-Exupéry. https://dicocitations.lemonde.fr/citations/citation-164930.php

72 Anselm Grün, *Een jaar met de woestijnvaders, beproefde wijsheid.* Heeswijk, Berne Media, 2019, p. 35.

73 *Leven met Ignatius - op het kompas van de vreugde.* Zoetermeer, Meinema, 2019.

74 Mirjam van der Vegt en Margreet Kattouw, *Stil. De reis naar binnen.* Harderwijk, Switch to Silence, 2014.

Hoofdstuk 8. Durf onaf te zijn

75 1 Korintiërs 4:7.

76 Henry Cloud, *Necessary Endings, The Employees, Businesses, and Relationships That All of Us Have to Give Up in Order to Move Forward.* New York, HarperCollins, 2011.

77 Soren Kierkegaard en Frits Florin, *Een passieloze tijd, de actualiteit van Kierkegaards maatschappijkritiek.* Utrecht, Ten Have, 2006.

78 Brené Brown, *Dare to Lead. Brave Work. Tough Conversations. Whole Hearts.* New York, Ebury Digital, 2018, p. 92.

79 Marije Vermaas ea, Zin in zorg special, Amsterdam, Buijten & Schipperheijn, p. 93.

Hoofdstuk 9. Rust in de praktijk

80 Prediker 4:7.

81 J. Nawijn, The holiday happiness curve, Breda, *International Journal of Tourism Reasearch*, 281-290.

82 Leviticus 26.

83 A. Pang, *Rest.* p. 221.

84 E. Jacobson, *Progressive relaxation.* Chicago University Press, 1938.

85 Michel le van Quyen, *Wat stilte met je hersenen doet*, pagina 61.

86 A. Pang, *Rest.* p. 178.

87 A. Pang, *Rest.* p. 191.

88 Dan Buetner, *Blue Zones*, Washington, National Geographic Society, 2012.

89 Rutger Bregman, *De meeste mensen deugen.* Amsterdam, De Correspondent, 2019, p. 422.

90 *De meeste mensen deugen*, p. 517.

91 Nelson Mandela, *Long walk to freedom.* Amsterdam, Olympus, 1994.

92 Hartmut Rosa, *Leven in tijden van versnelling, een pleidooi voor resonantie.* Amsterdam, Boom, 2016.

93 Video van de dansavond: https://www.youtube.com/watch?v=FaTie5bDACg. Artikel in dagblad *Trouw*: https://www.trouw.nl/nieuws/dansfeest-voor-vluchtelingen-afgelast-na-bedreiging-b4deffb4/

94 F. Varela, 'The deep Now' in J. Brouwer en A. Mulder, *Machine Times-* DEAFOO, Nai Publishersm 2000.

95 Eric Galle, *De stilte roept.* Baarn, Adveniat 2019, p. 32.

96 J. Brewer, '*Meditation experience is associated with differences in default mode network activity en connectivity*' in *PNAS* 108, 2011, p. 20254, geciteerd in Le Van Quyen (zie noot 41).

97 A. Newberg, M. Pourdehnad, G. Alivi Abass, E. Aquili, *Cerebral Blood Flow during Meditative Prayer, Preliminary Findings en Methodological Issues, Perceptual and Motor skills*, 97, 2003, pp. 625-630, geciteerd in Le Van Quyen (zie noot 41).

98 Mirjam van der Vegt, *Stiltedagboek.* Zoetermeer, Boekencentrum, 2013, p. 8.